学ぶ人は、変えてゆく人だ。

目の前にある問題はもちろん、

人生の問いや、

自ら見つけ、

、人は学ぶ。

」で、

少しずつ世界は変えてゆける。

いつでも、どこでも、誰でも、

学ぶことができる世の中へ。

旺文社

基礎からの
ジャンプアップノート

漢字2500
書き取り・読み方ドリル

三訂版

佐藤喜一 著

旺文社

はじめに

高校生の皆さんから、よくお便りをいただきます。参考書や問題集の内容についての質問、志望校の出題傾向と対策、などの問い合わせが多いのです。その中でどうにも気になるのが、同じような誤字があること。たとえば、「……以下について不信なところがあるので……」とか、「決局はどういうこと?」とか、「専問書を教えて……」とか、「○○は個有名詞ですか?」etc……。これらは順に、不審・結局・専門・固有が正しいのですが。

こういう間違いが起こるのは、漢字というのはなんとなく書けそうな気がするものだから、十分に身につけるためのトレーニングをしていないからではありませんか。どうしたらこうしたミスをなくし、漢字の意味をよく理解して正しく書けるようになるか。この『基礎からのジャンプアップノート　漢字２５００書き取り・読み方ドリル』は、「実際に自分で書いてみる」という学習を通して、大学受験に必要な漢字力、ひいては文章力をしっかりと身につけることを可能にする本です。

同時通訳の神様ともいわれる國弘正雄《くにひろまさお》という人がいます。一九六九年七月、人類が初めて月面に着陸した歴史的な瞬間の様子を中継した特別番組で、地上と月との交信を同時に日本語にして放送した方です。英語にも当然精通した方ですが、この方は、「母国語をしっかりと身につけていない人間に、外国語を十分理解することは不可能に近い、さらに、ことばの学習は『只管朗《しかんろう》読《どく》』なしには達成し得ない」と言っています。

「只管」とは、「ただひたすら」という意味ですので、「繰り返し音読せよ」ということでしょう。文字や文章をただ目で追いかけているだけではいけない、音にして記憶せよということです。漢字の学習の場合はそれに加えて、しっかりと書写することによって身体に記憶させることが必要となります。

グローバル化時代に対応してバイリンガルの必要性が叫ばれてもいますが、やはりきちんとした母国語の習得が基本です。この本で、毎日すこしずつでいいから、漢字力をジャンプアップしようと努めてくださることを願っています。

佐藤喜一

本書の特長と使い方

問題

◎約 2500 問の「**書き取り**」「**読み方**」の問題を、**基礎**・**標準**・**発展**の三部に分けて掲載しています。

◎ジャンル別の 43 項目で構成しています。対策したいジャンルにしぼって学習できます。

◎大学入試で出題頻度の高い漢字に三段階の★を付けました。頻度の高い漢字から効率よく学習できます。

◎常用漢字 2136 字のすべてを出題しています。また、大学入試で出題される常用漢字表にない漢字も出題しています。

◎常用漢字表にない漢字には◆を、読み方には◇を付けています。（40・41 を除く）

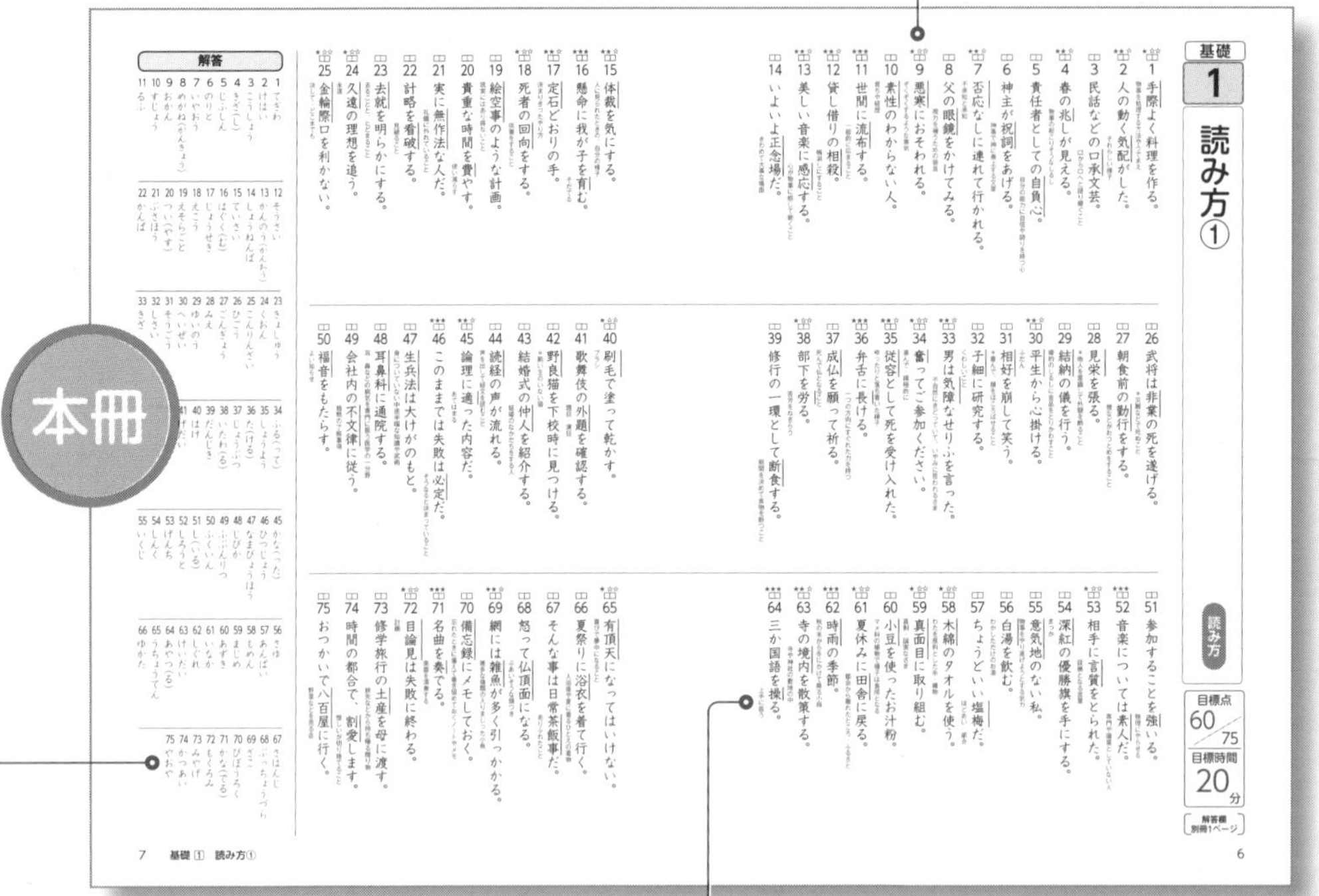

解答

◎解答は、左側のページの端に掲載しています。〈 〉で別解を示しています。

◎解答は、赤セルシートで隠して学習できます。

意味

◎出題漢字の意味を、問題文の左横に示しています。意味もあわせて学習できます。

◎＊の付いているものは、出題漢字を含む慣用表現全体の意味を示しています。

◎意味は、赤セルシートで隠して学習できます。

解答書き込み用ノート

◎別冊に、専用の解答欄を掲載しています。

◎「解答書き込み用ノート」は、PDF ファイルとして旺文社特典サイトからダウンロードできます。活用して何度も書き込んで漢字を覚えてください。

※本サービスは予告なく終了することがあります。

目次

読み方①

目標点 60/75
目標時間 20分
解答欄 別冊1ページ

- ★☆☆ 1 手際よく料理を作る。 物事を処理する方法やうでまえ
- ★★☆ 2 人の動く気配がした。 それらしい様子
- 3 民話などの口承文芸。 口から口へと語り継ぐこと
- ★★☆ 4 春の兆しが見える。 物事の起こりそうなしるし
- 5 責任者としての自負心。 自分の能力に自信や誇りを持つ心
- 6 神主が祝詞をあげる。 神事で神に奏上する文章
- ★★☆ 7 否応なしに連れて行かれる。 不承知と承知
- 8 父の眼鏡をかけてみる。 視力を補うための装具
- ★☆☆ 9 悪寒におそわれる。 ぞくぞくするような寒気
- 10 素性のわからない人。 育ちや経歴
- ★★★ 11 世間に流布する。 一般的に広まること
- ★★☆ 12 貸し借りの相殺。 帳消しにすること
- ★★☆ 13 美しい音楽に感応する。 心が物事に感じて動くこと
- 14 いよいよ正念場だ。 きわめて大事な場面

- 26 武将は非業の死を遂げる。 ＊災難などで死ぬこと
- 27 朝食前の勤行をする。 僧などがおつとめをすること
- 28 見栄を張る。 ＊他人を意識して外観を飾ること
- 29 結納の儀を行う。 婚約のしるしに金品をとりかわすこと
- ★★☆ 30 平生から心掛ける。 ふだん
- 31 相好を崩して笑う。 ＊喜んで、顔をほころばせること
- 32 子細に研究する。 くわしいこと
- ★★☆ 33 男は気障なせりふを言った。 不自然にきどっていて、いやみに思われるさま
- ★☆☆ 34 奮ってご参加ください。 進んで・積極的に
- ★★☆ 35 従容として死を受け入れた。 ゆったりと落ち着いた様子
- ★★★ 36 弁舌に長ける。 一つの方向にすぐれた力を持つ
- 37 成仏を願って祈る。 死んで仏となること
- ★☆☆ 38 部下を労る。 苦労をねぎらう
- 39 修行の一環として断食する。 期間を決めて食物を断つこと

- 51 参加することを強いる。 無理にやらせる
- ★★★ 52 音楽については素人だ。 専門や職業としていない人
- ★☆☆ 53 相手に言質をとられた。 証拠となる言葉
- 54 深紅の優勝旗を手にする。 まっか
- 55 意気地のない私。 物事をやり遂げようとする気力
- 56 白湯を飲む。 わかしただけのお湯
- 57 ちょうどいい塩梅だ。 ほどあい・都合
- ★☆☆ 58 木綿のタオルを使う。 わたを原料とした糸・織物
- ★☆☆ 59 真面目に取り組む。 真剣・誠実なさま
- 60 小豆を使ったお汁粉。 マメ科の植物で種子は食用となる
- ★☆☆ 61 夏休みに田舎に戻る。 都会から離れたところ・ふるさと
- ★★★ 62 時雨の季節。 秋の末から冬にかけて降る小雨
- ★★☆ 63 寺の境内を散策する。 寺や神社の敷地の中
- ★★★ 64 三か国語を操る。 上手に扱う

□□ 15 ★★☆ 体裁を気にする。（人に見られたときの、自分の様子）

□□ 16 ★★★ 懸命に我が子を育む。（そだてる）

□□ 17 ★★☆ 定石どおりの手。（決まりきったやり方）

□□ 18 ★☆☆ 死者の回向をする。（供養をすること）

□□ 19 絵空事のような計画。（現実にはあり得ないこと）

□□ 20 貴重な時間を費やす。（使い減らす）

□□ 21 実に無作法な人だ。（礼儀に外れていること）

□□ 22 計略を看破する。（見破ること）

□□ 23 去就を明らかにする。（去ることと、とどまること）

□□ 24 ★☆☆ 久遠の理想を追う。（永遠）

□□ 25 ★☆☆ 金輪際口を利かない。（決して・どこまでも）

□□ 40 ★☆☆ 刷毛で塗って乾かす。（ブラシ）

□□ 41 歌舞伎の外題を確認する。（題目・演目）

□□ 42 野良猫を下校時に見つける。（＊飼い主のいない猫）

□□ 43 結婚式の仲人を紹介する。（結婚のなかだちをする人）

□□ 44 読経の声が流れる。（声を出して経文を読むこと）

□□ 45 ★★☆ 論理に適った内容だ。（あてはまる）

□□ 46 ★★★ このままでは失敗は必定だ。（そうなると決まっていること）

□□ 47 生兵法は大けがのもと。（身についていない中途半端な知識や武術）

□□ 48 耳鼻科に通院する。（耳・鼻などの病気を専門に扱う医学の一分野）

□□ 49 会社内の不文律に従う。（暗黙の了解事項）

□□ 50 福音をもたらす。（よい知らせ）

□□ 65 ★☆☆ 有頂天になってはいけない。（喜びで夢中になること）

□□ 66 夏祭りに浴衣を着て行く。（入浴後や夏に着るひとえの着物）

□□ 67 そんな事は日常茶飯事だ。（ありふれたこと）

□□ 68 怒って仏頂面になる。（ぶあいそうな顔つき）

□□ 69 ★★☆ 網には雑魚が多く引っかかる。（雑多な種類の入りまじった小魚）

□□ 70 備忘録にメモしておく。（忘れたときに備えて書き留めておくノートやメモ）

□□ 71 ★★★ 名曲を奏でる。（楽器を演奏する）

□□ 72 ★☆☆ 目論見は失敗に終わる。（計画）

□□ 73 修学旅行の土産を母に渡す。（旅先などから持ち帰る贈り物）

□□ 74 時間の都合で、割愛します。（惜しいが切り捨てること）

□□ 75 おつかいで八百屋に行く。（野菜などを売る店）

解答

1 てぎわ
2 けはい
3 こうしょう
4 きざ(し)
5 じふしん
6 のりと
7 いやおう
8 めがね〈がんきょう〉
9 おかん
10 すじょう
11 るふ

12 そうさい
13 かんのう〈かんおう〉
14 しょうねんば
15 ていさい
16 はぐく(む)
17 じょうせき
18 えこう
19 えそらごと
20 つい(やす)
21 ぶさほう
22 かんぱ

23 きょしゅう
24 くおん
25 こんりんざい
26 ひごう
27 ごんぎょう
28 みえ
29 ゆいのう
30 へいぜい
31 そうごう
32 しさい
33 きざ

34 ふる(って)
35 しょうよう
36 た(ける)
37 じょうぶつ
38 いたわ(る)
39 だんじき
40 はけ
41 げだい
42 のら
43 なこうど
44 どきょう

45 かな(った)
46 ひつじょう
47 なまびょうほう
48 じびか
49 ふぶんりつ
50 ふくいん
51 し(いる)
52 しろうと
53 げんち
54 しんく
55 いくじ

56 さゆ
57 あんばい
58 もめん
59 まじめ
60 あずき
61 いなか
62 しぐれ
63 けいだい
64 あやつ(る)
65 うちょうてん
66 ゆかた

67 さはんじ
68 ぶっちょうづら
69 ざこ
70 びぼうろく
71 かな(でる)
72 もくろみ
73 みやげ
74 かつあい
75 やおや

基礎

2 読み方②

読み方

目標点 60/75
目標時間 20分
解答欄 別冊2ページ

1 ★☆☆ 速やかに移動する。
すばやく・たちまちに

2 ★★☆ 剣術の極意を授かった。
道を究めた人だけが会得できる深い境地

3 ★☆☆ どういう料簡だ。
考え

4 ★☆☆ 訪れた寺で見た屋根の緑青。
銅のさび

5 赤銅色の肌。
＊つやがあり、黒みを帯びた赤い色

6 火に油を注ぐ。
＊勢いをさらに盛んにすること

7 立ち退きを要求される。
引き払って、よそへ移ること

8 不退転の決意でのぞむ。
負けずにがんばること

9 災いを転じて福となす。
＊不幸を逆に利用して幸せになるように取り計らう

10 仏壇にお灯明をあげる。
神仏に供えるともしび

11 早朝から魚河岸に行く。
魚市場のある川の岸

12 今日は無礼講だ。
身分・地位の差のない宴会

13 今朝釣れたばかりの魚。
今日のあさ

14 三味線の音色。
日本の三弦楽器の一つ

26 才能故に努力をしない。
～のため

27 心地よいソファに座る。
気分・気持ち

28 ★☆☆ 禅寺で居士として修業する。
出家せずに仏道に精進する男性

29 ★☆☆ 竹刀の素振り練習。
剣道などで使用する刀

30 お祭りの山車が通る。
祭りなどで引き回す車

31 ★☆☆ 太刀魚を釣り上げる。
銀白色で細長い魚

32 七夕祭りにでかける。
陰暦七月七日に行う五節句の一つ

33 岸から伝馬船で移動する。
岸と本船を行き来する小舟

34 友人との別れが名残惜しい。
＊心が離れがたく、つらいさま

35 ★☆☆ 類い稀《まれ》な才能。
並ぶもの

36 大会まで二十日を切った。
二〇日目・二〇の日数

37 己を省みる。
行いをふりかえる

38 ★★☆ 気持ちのよい小春日和。
空もよう

39 迷子の女の子が泣いている。
親などとはぐれた子供

51 新社会人の初初しい姿。
純真で若々しい様子

52 不動産売買の仕事。
売ったり買ったりすること

53 商いの才能を発揮する。
物の売り買い

54 今昔物語集を原案とした小説。
＊平安時代後期の説話集

55 ★★☆ 心身共に健やかに育つ。
元気なさま

56 けがに因り、欠場する。
理由となる

57 真骨頂が発揮される。
本来の姿や価値

58 ★☆☆ 意見に呼応して立ち上がる。
互いに示し合わせて事を行うこと

59 法隆寺の観音像を拝む。
慈悲の心を持つぼさつ

60 運動会で拡声器を用いる。
音声を大きくする装置

61 最寄りの駅まで五分。
すぐ近く

62 ★☆☆ 数寄屋造りの家。
＊茶室風の建て方

63 ★☆☆ 寄席に連れて行ってもらう。
落語・漫才などを催すところ

64 波止場で父を見送る。
港の海中につき出た乗船などに利用する場所

15 ★★☆ 猫の鳴き声で場が和む。
雰囲気がおだやかになる

16 風の強い日に黄砂が舞う。
強風により中国大陸から吹き上がり飛散する砂

17 湿度の高い五月雨の季節。
陰暦五月ごろの長雨・つゆ

18 そのジャンルには門外漢だ。
専門外の人

19 潜る海女を遠くから眺める。
海に潜って海産物をとることを職業とする女性

20 大人としてのマナー。
一人前に成長した人

21 お神酒をあげる。
神に供える酒

22 包丁を研ぐ職人。
石などで刃先を鋭くする

23 急いで母屋に戻る。
建物の主な部分⇔離れ

24 ★☆☆ 神楽を見物する。
神を祭るための音楽・踊り

25 みずみずしい果物をもらう。
食用となる果実

40 大和政権の歴史を学ぶ。
＊五～六世紀に成立した豪族政権

41 この作品が集大成となる。
広く集めて一つにまとめること

42 ★★☆ 鍵の行方がわからない。
行った先・今後のなりゆき

43 捕らぬ狸《たぬき》の皮算用。
手に入らぬうちからあてにすること

44 彼女は生一本な性格だ。
ひたむきでまっすぐなさま

45 試金石となる重要な任務。
値打ちや能力をためす物事

46 勝るとも劣らない逸品。
＊同等である

47 祖父は大往生を遂げた。
安らかな死・立派な死

48 二枚舌を使ってだます。
うそを言うこと

49 厳かに進行する式典。
重々しくいかめしさのあるさま

50 白昼夢に浸る。
夢のような非現実的な空想

65 粋な計らいに感謝する。
処置

66 念願の戸建てを購入する。
集合住宅ではない一軒単位の家

67 不世出の天才。
めったに現れないほどすぐれていること

68 一矢を報いる。
＊反撃すること

69 ★☆☆ 準備不足は否めない。
＊否定することができない

70 ★★★ 無造作に仕上げた絵とは思えない。
簡単に物事をやる様子

71 母が嫁入り道具を調える。
必要なものをそろえる

72 一家の大黒柱。
一家や団体を中心となって支える人

73 任務を全うする。
＊やり遂げる

74 ★★★ その都度注意する。
そのたびごと

75 ★★☆ 私の手には負えない代物だ。
対象となる物や人

解答

1 すみ(やか)
2 ごくい
3 りょうけん
4 ろくしょう
5 しゃくどう
6 そそ(ぐ)
7 た(ち)の(き)
8 ふたいてん
9 わざわ(い)
10 とうみょう
11 うおがし
12 ぶれいこう
13 けさ
14 しゃみせん
15 なご(む)
16 こうさ
17 さみだれ
18 もんがいかん
19 あま
20 おとな
21 (お)みき
22 と(ぐ)
23 おもや
24 かぐら
25 くだもの
26 ゆえ
27 ここち
28 こじ
29 しない
30 だし
31 たちうお
32 たなばた
33 てんません(てんまぶね)
34 なごり
35 たぐ(い)
36 はつか
37 かえり(みる)
38 びより
39 まいご
40 やまと
41 しゅうたいせい
42 ゆくえ
43 かわざんよう
44 きいっぽん
45 しきんせき
46 まさ(る)
47 だいおうじょう
48 にまいじた
49 おごそ(か)
50 はくちゅうむ
51 ういうい(しい)
52 ばいばい
53 あきな(い)
54 こんじゃく
55 すこ(やか)
56 よ(り)
57 しんこっちょう
58 こおう
59 かんのん
60 かくせいき
61 もよ(り)
62 すきや
63 よせ
64 はとば
65 はか(らい)
66 こだ(て)
67 ふせいしゅつ
68 むく(いる)
69 いな(め)
70 むぞうさ
71 ととの(える)
72 だいこくばしら
73 まっと(う)
74 つど
75 しろもの

基礎

3 書き取り①

書き取り

目標点 40/50
目標時間 20分

解答欄 別冊3ページ

★☆☆ 1 満塁ホームランで**イッキョ**に逆転した。（ひとつの行動で・ひといきに）

★☆☆ 2 合否はどうあれ、努力の**カテイ**を大切にしよう。（物事の進行する道筋）

★★☆ 3 雄大な**コウソウ**による長編小説。（考えを組み立てること）

★★★ 4 写実主義を**テイショウ**する。（意見などを他人に説き示して呼びかけること）

★☆☆ 5 今世紀の重要課題は**シゲン**問題だ。（産業の原材料となる自然のもの）

★☆☆ 6 さまざまな**ショウガイ**を乗り越える。（さしさわりとなるもの）

★☆☆ 7 自然科学を**タイケイ**的に学習する。（筋道をつけてまとめること）

★☆☆ 8 未知の**リョウイキ**に踏み込む。（あるものが関係する範囲）

★★☆ 9 必ず合格すると**カクシン**していた。（たしかであるとしんじること）

★☆☆ 10 我が国**コユウ**の風俗を紹介する。（もとからあること・そのものに限ってあること）

★☆☆ 11 空間は三**ジゲン**の世界である。（空間の広がりを示す考え方）

12 **シンエン**を究めた学説に感動する。（はかりしれないほど奥ぶかいこと）

★☆☆ 13 明日の学会で研究**セイカ**を発表する。（なし遂げたよいけっか）

★☆☆ 14 **ゼンテイ**をはっきりさせて、論述せよ。（あることがなり立つための条件）

★★★ 26 コンピューターをたくみに**ソウサ**する。（機械などをあやつって動かすこと）

27 **インシュ**運転は絶対にやめなさい。（さけをのむこと）

28 **サトウ**の加減がこのケーキの味の決め手だ。（サトウキビなどを原料とした甘みのある食材）

29 **コウゴウ**陛下が被災地を訪問される。（天のうのきさき）

★☆☆ 30 その山は**シンセイ**な場所である。（清らかで尊いこと）

★★★ 31 努力により、合格も**シャテイ**内に入ってきた。（力の及ぶ範囲）

★★★ 32 書類の**テイサイ**を整える。（見かけ）

★☆☆ 33 師からは、さまざまな**キョウクン**を得た。（生き方や考えに役立つおしえ）

34 努力したにもかかわらず、**ケッキョク**失敗した。（つまるところ・あげくのはて）

35 市民**ゲキダン**に所属する。（芝居をする人々の集まり）

★★☆ 36 当時は盗賊が**オウコウ**した。（悪い事が盛んにおこなわれること）

37 港から**キテキ**が聞こえる。（列車や船などが蒸気を噴き出して鳴らす音）

★☆☆ 38 自分勝手な**シャクド**で決めてはいけない。（ものさし・ものをはかる目やす）

★☆☆ 39 西洋文明を無差別に**ジュヨウ**した。（うけ入れて取り込むこと）

★★☆ □ 15 高校を卒業したあとは、福祉の**センモン**学校に進む。
仕事や学問の特定の分野のこと

★★☆ □ 16 美術は時代の**ハンエイ**としても見られる。
影響が及んで現れること

□ 17 **デントウ**工芸品を展示する。
長年つたえられてきたならわし

★☆☆ □ 18 **イショクジュウ**は生活の土台である。
いふく・たべもの・じゅうきょ

★☆☆ □ 19 その作品の制作**イト**がわからない。
おもわく・考え

★☆☆ □ 20 **ウチュウ**に魅了され、天文学を学ぶ。
地球の大気圏外の空間

★★★ □ 21 説話の**テンケイ**的なパターン。
同類のものの中で、その特色を最もよく表しているもの

★☆☆ □ 22 傍線部について、**カンケツ**に説明せよ。
かんたんでよくまとまっているさま

★☆☆ □ 23 物事の**キジュン**をはっきりと決めておこう。
物事を比べるときのよりどころ

★☆☆ □ 24 根から養分を**キュウシュウ**して生長する。
外にあるものを内に取り込むこと

★★☆ □ 25 ホノルル**ケイユ**でロサンゼルスに飛ぶ。
ある地点を通って行くこと

□ 40 早急に**ゼンゴサク**を講じないと、大変だ。
あと始末をうまくするための方法

□ 41 天地**ソウゾウ**が描かれた絵画を鑑賞する。
新しいものを初めてつくりだすこと

★☆☆ □ 42 理科で**カンセイ**の法則を習う。
現在の状態を続けるせいしつ

★☆☆ □ 43 気象**エイセイ**の画像を解析する。
「人工えいせい」の略語

□ 44 すい臓の**キノウ**が、かなり低下している。
備わっている働き

★★★ □ 45 民主政治の**コンカン**を揺るがす事件。
物事をなり立たせる大もと

★☆☆ □ 46 **ケイソツ**な言動は慎むように。
かるはずみなこと

★☆☆ □ 47 **チンタイ**物件に引っ越す。
使用料をとって、かすこと

★☆☆ □ 48 人間の**シヤ**には、必ず盲点がある。
ひとめで見られる範囲

★★★ □ 49 彼女の書く文章は**センレン**されている。
磨き上げて、あかぬけしたものにすること

★★☆ □ 50 気難しい上司は部下から**ケイエン**される。
うやまうように見せかけて、避けること

解答

1 一挙　2 過程　3 構想　4 提唱　5 資源　6 障害　7 体系　8 領域　9 確信

10 固有　11 次元　12 深遠　13 成果　14 前提　15 専門　16 反映　17 伝統　18 衣食住

19 意図　20 宇宙　21 典型　22 簡潔　23 基準　24 吸収　25 経由　26 操作　27 飲酒

28 砂糖　29 皇后　30 神聖　31 射程　32 体裁　33 教訓　34 結局　35 劇団　36 横行

37 汽笛　38 尺度　39 受容　40 善後策　41 創造　42 慣性　43 衛星　44 機能　45 根幹

46 軽率　47 賃貸　48 視野　49 洗練　50 敬遠

基礎

4

書き取り②

書き取り

目標点 40/50
目標時間 20分

解答欄 別冊4ページ

1 ★☆☆ この本には**ゴショク**が多い。（印刷物の字や記号のあやまり）

2 ★☆☆ ロボット工学は近年**イチジル**しい進歩を遂げた。（はっきりとわかる様子）

3 ★☆☆ 建築業を**イトナ**みながら、夜学に通う。（仕事としてそれを行う）

4 ★☆☆ ピアノの**エンソウ**会。（音楽をかなでること）

5 ★☆☆ 叔母は猫好きで六匹も**カ**っている。（餌を与えて動物を養い育てる）

6 ★☆☆ 人々の**カチ**観が多様化している。（大切であると認められる性質）

7 ★★☆ 領土の**キゾク**をめぐって対立する。（定めた個人や国などのものになること）

8 ★★☆ **キハツ**性の高い液体。（常温で液体が気体になること）

9 ★☆☆ 人々を**キュウサイ**するために祈る。（困っている人々をすくい助けること）

10 宇宙の中の無数の**ギンガ**。（帯状に見える星の集まり）

11 ★★★ トップに**クンリン**する。（ある方面・分野で、絶対的な力をふるうこと）

12 ★☆☆ あの作家の鋭い**ケイク**に胸をつかれた。（真理を鋭くついた短い言葉）

13 ★★☆ その丁寧な仕事ぶりに**ケイフク**する。（感心して、心からうやまうこと）

14 ★★★ 対策を**ケントウ**する。（よしあしを考えること）

26 ★★★ 彩色画で**ソウショク**された古墳。（かざり付けること）

27 決勝戦で**シュクテキ**にあたる。（前々からのてき）

28 ★★☆ 一人に**フカ**がかからないように仕事を割り振る。（責任などを引き受けること）

29 ★☆☆ 友人の誕生パーティーに**ショウタイ**された。（客となる人をまねくこと）

30 ★☆☆ 資料をもとに**スイソク**してみよう。（物事をおしはかり、考えること）

31 ★★☆ 早寝、早起きを**シュウカン**にする。（いつも決まってすること）

32 ★★☆ 当局は事態の**シュウシュウ**を急いだ。（物事を治めること）

33 労働**ソウギ**の解決のため、話しあう。（意見を主張してあらそい論じあうこと）

34 ★★☆ 大正時代から**レンメン**と続く老舗。（長く続いて絶えないさま）

35 ★☆☆ 雨水が軒から**タ**れる。（液体がしたたり落ちる）

36 ★★☆ 根も葉もないうわさが**ルフ**する。（広く行き渡ること）

37 ★☆☆ 新陳**タイシャ**が盛んだ。（古いものが新しいものと入れかわること）

38 ★☆☆ 将来の**テンボウ**を思い描く。（将来性などを見渡すこと）

39 ★★☆ 彼は仲間内でも**トクイ**な存在だ。（際立って他と違っていること）

★☆☆ □□ 15 別れに堪えきれずゴウキュウする。
大声をあげてなくこと

★★☆ □□ 16 フソクの事態にあわてる。
思いがけないこと

□□ 17 その山奥のコウセンは身体によい。
こう物質を多く含むわき水

★☆☆ □□ 18 緑茶のコウヨウを調べる。
ききめ・使い道

★★☆ □□ 19 陰で権力をアヤツる。
思いどおりに動かす

□□ 20 シガン者をつのる。
進んでねがい出ること

□□ 21 期末シケンの範囲が公表される。
学力などを調べるための問題

★★★ □□ 22 人々のねがいがジョウジュする。
思いやねがいがかなうこと

★☆☆ □□ 23 実績をシヒョウにする。
物事の基準となる目じるし

★★☆ □□ 24 社員をジャッカン名、募集する。
いくらか・少し

★★☆ □□ 25 説明書の手順をゲンミツに守る。
手抜かりなく行き届いているさま

□□ 40 開会式でテーマ曲をドクショウすることが決まった。
一人でうたうこと

★☆☆ □□ 41 未来をニナう人材を育成する。
自分の責任として引き受ける

★☆☆ □□ 42 事件のハイケイを考える。
後ろのけしき・物事の後ろにある事情

★★★ □□ 43 不正経理のショウコとなる書類。
事実だと明らかにするしるし

★☆☆ □□ 44 フッコウ支援のため、現地を訪れる。
もとどおりに盛んにすること

□□ 45 本は知識のホウコだ。
貴重なものがたくさんまとまってあるところ

★☆☆ □□ 46 この解答をミチビき出すことは容易ではない。
答えや結論などを引き出す

★★☆ □□ 47 この文章は論理がセイゴウしている。
ぴったりあうこと、またあわせること

★★☆ □□ 48 美しいメロディーをカナでる。
楽器をえんそうする

□□ 49 生物の授業でランソウの図を見る。
メスの生殖器官

★☆☆ □□ 50 レキゼンたる事実だ。
誰が見てもはっきりしている様子

解答

1 誤植
2 著（しい）
3 営（み）
4 演奏
5 飼（って）
6 価値
7 帰属
8 揮発
9 救済
10 銀河
11 君臨
12 警句
13 敬服
14 検討
15 号泣
16 不測
17 鉱泉
18 効用
19 操（る）
20 志願
21 試験
22 成就
23 指標
24 若干
25 厳密
26 装飾
27 宿敵
28 負荷
29 招待
30 推測
31 習慣
32 収拾
33 争議
34 連綿
35 垂（れる）
36 流布
37 代謝
38 展望
39 特異
40 独唱
41 担（う）
42 背景
43 証拠
44 復興
45 宝庫
46 導（き）
47 整合
48 奏（でる）
49 卵巣
50 歴然

基礎

5 書き取り③

1 青春時代の**アマズ**っぱい思い出。 快さと切なさが入りまじった気持ち

2 この栄養剤は**イヤク**部外品だ。 病気の治療のためのくすり

★☆☆ 3 **オクマン**長者になる夢。 大きな財産の持ち主

★☆☆ 4 親戚の家を**タズ**ねる。 人の家やあるところへ行く

★☆☆ 5 弁当は**カクジ**で用意する。 めいめい

6 実家に戻り、**オヤコウコウ**に努める。 子がおやを大切に敬うこと

7 上場している**カブシキ**会社を調べる。 会社の資本の単位・権利

8 定休を**カヨウビ**にする。 一しゅう間のうち、三番目のひにち

9 **キヌイト**で仕立てた洋服。 蚕の繭から作られたいと

10 中世の**キフジン**の肖像画。 身分の高い女性

11 **キュウギ**大会では、バレーボールに参加する予定だ。 ボールを使ったスポーツ

12 **キュウドウ**の全国大会に出場する。 ゆみを使って的に矢をあてる武芸

13 仲のよい**キョウダイ**でも喧嘩《けんか》はする。 あにとおとうと

14 確かな**キンセン**感覚を身につけよう。 おかね

---

26 **ジョウリョクジュ**を好んで庭に植える。 葉が一年中枯れない植物

27 人として**ジンギ**に欠けた振る舞い。 人として行うべきみち

28 予防**セッシュ**を嫌がる女の子。 病気を予防するためにワクチンなどを体内に入れること

★☆☆ 29 **ソシキ**の中での自身の役割。 成員の役割や責任が決められている集団

30 新しいテーマパークが**タンジョウ**する。 うまれること

★☆☆ 31 今後の動向を**チュウシ**する。 ちゅういして見ること

★☆☆ 32 君主に**チュウセイ**を誓う騎士。 自分の仕えているものに真心を込めて対応すること

★☆☆ 33 不在者**トウヒョウ**も受け付ける。 選挙などで選びたい者を意思表示すること

34 ストーブで使用するため**トウユ**を運ぶ。 燃料などに用いるともしあぶら

★☆☆ 35 相手と同じ**ドヒョウ**で話し合おう。 相撲をとるための場所・ある事が行われる場

★★☆ 36 不安が**ノウリ**をかすめる。 頭の中

37 おや鳥が雛《ひな》を大切に**ハグク**む。 そだてる・そだてのばす

38 拝啓　**バクシュウ**の候…。 むぎの実る初夏の季節

★☆☆ 39 **ハンザイ**を未然に防ぐ。 国の決まりに違反すること

書き取り

目標点 40/50

目標時間 20分

解答欄 別冊5ページ

15 ゲドク《体の中のどくを消し去ること》剤を処方される。

16 聖徳太子《しょうとくたいし》が定めたケンポウ《国の定めたおきて・決まり》十七条。

★★☆ 17 カッキテキ《新しくすぐれているさま》な製品が開発される。

18 世界のコクソウ《*米・あわ・まめなどが豊かに収穫できる地域》地帯を地図で確認する。

★☆☆ 19 優勝のトロフィーをサズ《物品などを与える》ける。

20 京都のジイン《てら》や神社をめぐる。

21 ゴミの分別の仕方はシチョウソン《都道府県を除く普通地方公共団体の総称》により異なる。

22 シュウカンシ《定期的に出されるざっし》の巻頭特集を読む。

★★☆ 23 個別の事情はシャショウ《抽しょうする際に本質以外の特殊性を切りすてること》して共通性を把握する。

24 ジョウミャク《血液を心臓に送る血管》に点滴をさす。

★☆☆ 25 理科の実験でジョウリュウスイ《熱することで混合物をのぞいたみず》を使用する。

40 合宿では五つのハン《グループ》に分かれて行動する。

41 ヒンプ《まずしいことと裕福であること》の差が激しい国。

42 友達フサイ《おっととつま》を招いて食事会を催す。

43 開発に対して反対のショメイ《*主張などに対して賛同する人のなまえを集める活動》運動をする。

44 国王ヘイカ《天皇などの尊称》への謁見を許される。

★☆☆ 45 ボウエキ《外国と商業取り引きを行うこと》の相手国と事前協議する。

★☆☆ 46 その発言で自らボケツ《*自分の言動で破滅を導く》を掘ることとなる。

47 ユウビン《手紙などの集配を行う業務》代が値上がりしたことを知らなかった。

★☆☆ 48 小川は、春のヨウコウ《たいようのひかり》を浴びてきらめく。

49 ヨクトシ《次のとし》には彼の身長がさらに伸びていた。

★★☆ 50 隣国とドウメイ《共通の目的のためにおなじ行動をとることを約束すること》を結ぶ。

解答

1	甘酸(っぱい)
2	医薬
3	億万
4	訪(ねる)
5	各自
6	親孝行
7	株式
8	火曜日
9	絹糸
10	貴婦人
11	球技
12	弓道
13	兄弟
14	金銭
15	解毒
16	憲法
17	画期的
18	穀倉
19	授(ける)
20	寺院
21	市町村
22	週刊誌
23	捨象
24	静脈
25	蒸留水
26	常緑樹
27	仁義
28	接種
29	組織
30	誕生
31	注視
32	忠誠
33	投票
34	灯油
35	土俵
36	脳裏
37	育(む)
38	麦秋
39	犯罪
40	班
41	貧富
42	夫妻
43	署名
44	陛下
45	貿易
46	墓穴
47	郵便
48	陽光
49	翌年
50	同盟

基礎

6

都道府県名

書き取り

目標点
38/47

目標時間
20分

解答欄
別冊6ページ

◆①から㊼の都道府県名を漢字で記しなさい。

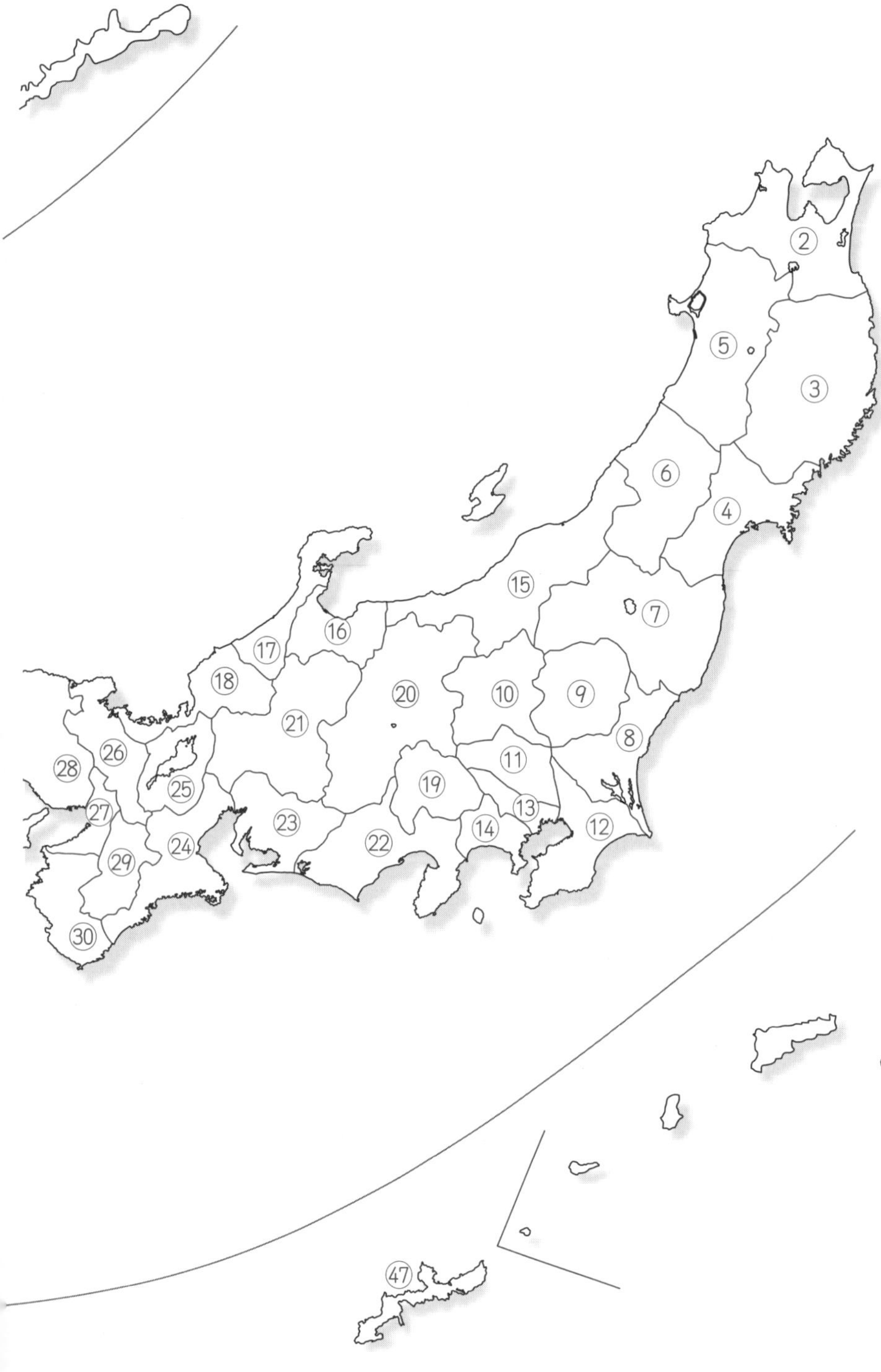

解答

①北海道《ほっかいどう》
②青森県《あおもりけん》
③岩手県《いわてけん》
④宮城県《みやぎけん》
⑤秋田県《あきたけん》
⑥山形県《やまがたけん》
⑦福島県《ふくしまけん》
⑧茨城県《いばらきけん》

⑨栃木県《とちぎけん》
⑩群馬県《ぐんまけん》
⑪埼玉県《さいたまけん》
⑫千葉県《ちばけん》
⑬東京都《とうきょうと》
⑭神奈川県《かながわけん》
⑮新潟県《にいがたけん》
⑯富山県《とやまけん》

⑰石川県《いしかわけん》
⑱福井県《ふくいけん》
⑲山梨県《やまなしけん》
⑳長野県《ながのけん》
㉑岐阜県《ぎふけん》
㉒静岡県《しずおかけん》
㉓愛知県《あいちけん》
㉔三重県《みえけん》

㉕滋賀県《しがけん》
㉖京都府《きょうとふ》
㉗大阪府《おおさかふ》
㉘兵庫県《ひょうごけん》
㉙奈良県《ならけん》
㉚和歌山県《わかやまけん》
㉛鳥取県《とっとりけん》
㉜島根県《しまねけん》

㉝岡山県《おかやまけん》
㉞広島県《ひろしまけん》
㉟山口県《やまぐちけん》
㊱徳島県《とくしまけん》
㊲香川県《かがわけん》
㊳愛媛県《えひめけん》
㊴高知県《こうちけん》
㊵福岡県《ふくおかけん》

㊶佐賀県《さがけん》
㊷長崎県《ながさきけん》
㊸熊本県《くまもとけん》
㊹大分県《おおいたけん》
㊺宮崎県《みやざきけん》
㊻鹿児島県《かごしまけん》
㊼沖縄県《おきなわけん》

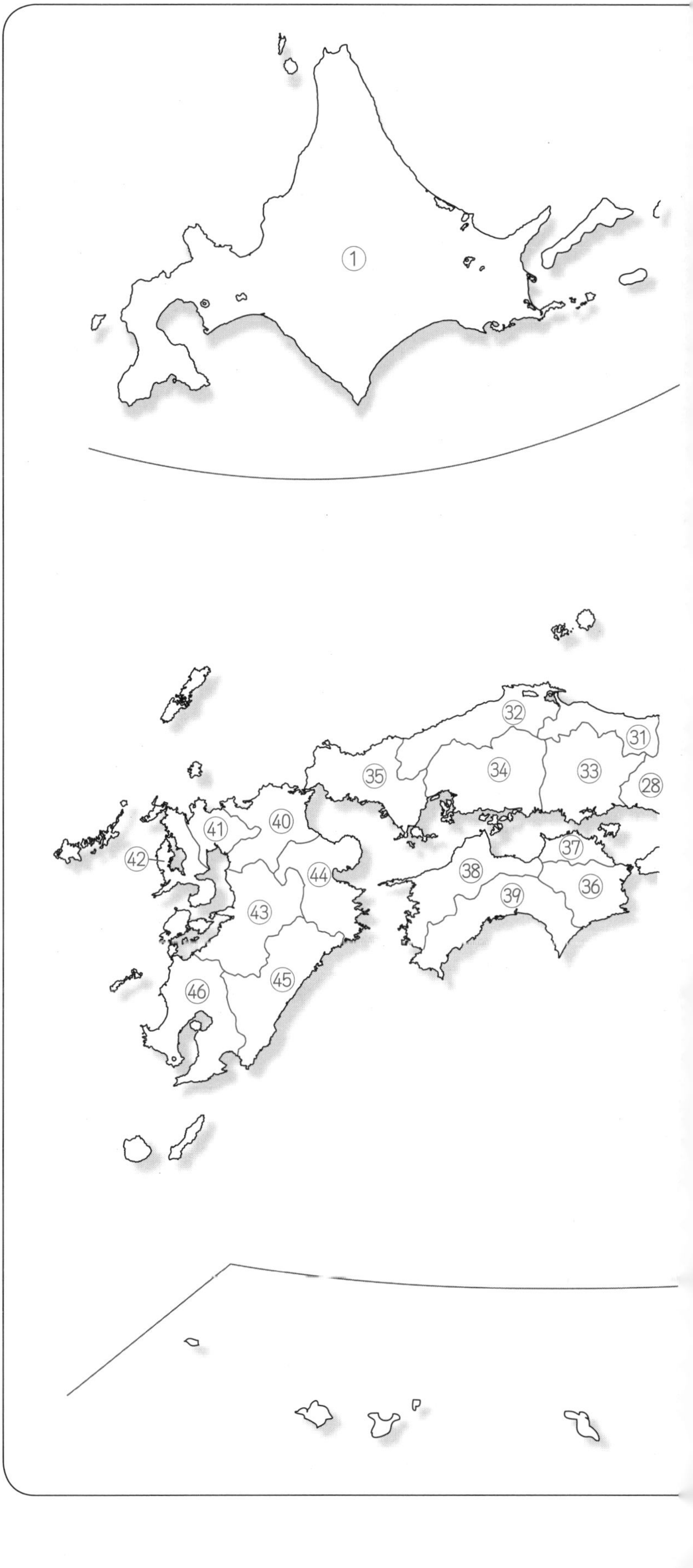

基礎

7 複数の読み方

読み方

目標点 60/75
目標時間 20分

解答欄 別冊7ページ

□ 1 毎日の練習で上手になる。 たくみなさま

□ 2 役者が上手へ退場する。 観客から見て舞台の右側

□ 3 彼女の方が一枚上手だった。 他よりもすぐれていること

□ 4 一目でもいいので会いたい。 ちょっと見ること

□ 5 人から一目置かれる存在。 ＊敬意を表し、遠慮する

□ 6 大家に今月の家賃を支払う。 貸家の持ち主

□ 7 生物学の大家。 その道の権威と認められている人

□ 8 目下修業中の身。 ただ今

□ 9 彼は目下の者には横柄だ。 自分より地位や年齢などが下であること

□ 10 好事、魔多し。 ＊よいことにはとかく妨害が入りやすい

★☆☆ □ 11 父は好事家だ。 ＊風流を好む人

★★☆ □ 12 後生畏るべし。 ＊年少者は畏れ敬うべきである

□ 13 後生大事にする。 ＊物を大切にすること

□ 14 それは自ずからわかる。 自然に

□ 26 名代の老舗。 有名

□ 27 父の名代で参りました。 代理人

□ 28 北から寒気が流れ込む。 寒さ・つめたい空気

□ 29 だるさと寒気がある。 不快な寒さ

□ 30 一日千秋の思いで待つ。 ＊非常に待ちどおしいこと

□ 31 一日一善。 ＊一日に一つはよい行いをすること

□ 32 下手の横好き。 ＊たくみでないのに熱心なこと

□ 33 舞台下手からの登場。 観客から見て舞台の左側

□ 34 下手に出て謝る。 へりくだること

□ 35 基準の評定を満たす。 成績などを評価して決定すること

□ 36 小田原評定。 ＊なかなかまとまらない会議や相談

□ 37 人事異動。 地位や職務などに関する事柄

□ 38 人事とは思えない。 自分には関係のないこと

□ 39 市場へ買い物に行く。 多数の商人が集まって商品の売買をするところ

□ 51 一石を投じる。 ＊新たに問題を投げかける

□ 52 米一石は約一八〇リットル。 容積の単位

□ 53 幼いころ竹馬で遊んだ。 二本の竹を使った遊具

□ 54 彼女と私は竹馬の友だ。 ＊幼年時代の友達

□ 55 彼は物知り博士だ。 ある学問や分野にくわしい人

□ 56 大学院の博士課程を修了する。 学位の最高位

□ 57 この道は一方通行だ。 一つの方向

□ 58 一方ならぬ世話を受けた。 ＊普通ではないほどの

□ 59 建物の外面を飾る。 物の外側の面

□ 60 家を出ると外面のいい人。 世間の人に見せる顔つきや態度

□ 61 背筋を伸ばして歩く。 背中の中心線

□ 62 背筋力を測定する。 背中にある筋肉の総称

□ 63 機が熟するまで待て。 チャンス

□ 64 夜遅くまで機を織る。 布地を織る機械

15 ★☆☆ 自ら率先してやる。
自分で

16 人気のない寂しい夜道。
人のいそうな気配

17 人気抜群の若手俳優。
人々の受け・評判

18 ★☆☆ それくらい、造作もない。
＊たやすい

19 造作の大きな顔。
顔かたち・容貌

20 片仮名を習う。
漢字から生まれた日本独自の文字

21 念のため仮名で登録する。
本名を伏せたいときの仮のなまえ

22 色紙で人形を折った。
色を染めた紙

23 色紙に俳句を書いた。
和歌などを書く厚い紙

24 文芸読本。
一般向きの入門書

25 近世の読本作家。
江戸時代後期の小説の一種

40 市場調査を実施する。
商品の取り引きされる範囲

41 一言一句違《たが》わない。
＊ほんのわずかな言葉

42 一言だけ付け加える。
短い言葉

43 繊細な気質。
生まれながらの性質

44 職人気質の人。
同じ環境や職業などの人に共通する気風

45 一見の客を断る店。
初めて訪れる客

46 百聞は一見に如《し》かず。
一度見ること

47 テレビの音がうるさい。
物が動いたりふれ合ったりしたときに生じる響き

48 虫の音が聞こえる。
物の発する音のうち、特に快い響き

49 大業を成し遂げる。
大きな仕事

50 この刀は大業物だ。
＊非常に切れ味のよい刀剣

65 機密文書を取り扱う。
書類

66 古文書を調べる。
＊昔の記録や文書

67 手荷物一時預かり所。
少しの間

68 一時に大量の宿題が出る。
＊同時に

69 楽しい一時を過ごす。
しばらくの間

70 わずかな貯金で細細と暮らす。
かろうじて続いている様子

71 細細としたビーズを集める。
ごく小さいさま・丁寧な様子

72 一寸休んでから出発だ。
少しの時間

73 ★☆☆ 一寸先は闇。
約三センチ、または小さい距離や時間

74 末期の水を用意する。
死に際

75 ★☆☆ 鎌倉時代末期の作品。
終わりの時期

解答

1 じょうず
2 かみて
3 うわて
4 ひとめ
5 いちもく
6 おおや
7 たいか
8 もっか
9 めした
10 こうじ
11 こうず
12 こうせい
13 ごしょう
14 おの(ずから)
15 みずか(ら)
16 ひとけ
17 にんき
18 ぞうさ
19 ぞうさく
20 かな
21 かめい
22 いろがみ
23 しきし
24 とくほん
25 よみほん〈よみぼん〉
26 なだい
27 みょうだい
28 かんき
29 さむけ
30 いちじつ〈いちにち〉
31 いちにち
32 へた
33 しもて
34 したて
35 ひょうてい
36 ひょうじょう
37 じんじ
38 ひとごと
39 いちば
40 しじょう
41 いちごん
42 ひとこと
43 きしつ
44 かたぎ
45 いちげん
46 いっけん
47 おと
48 ね
49 たいぎょう
50 おおわざ
51 いっせき
52 いっこく
53 たけうま
54 ちくば
55 はかせ
56 はくし
57 いっぽう
58 ひとかた
59 がいめん
60 そとづら
61 せすじ
62 はいきん
63 き
64 はた
65 ぶんしょ
66 もんじょ
67 いちじ
68 いちどき
69 ひととき
70 ほそぼそ
71 こまごま
72 ちょっと
73 いっすん
74 まつご
75 まっき

基礎

8 同音異義語①

書き取り

目標点 40/50
目標時間 20分

解答欄 別冊8ページ

1 白菜**イガイ**（それをのぞいて）の野菜を鍋に入れる。

2 映画の**イガイ**（思いのほか）な結末に驚く。

3 業務の一部が、県から市へ**イカン**（他へうつすこと）された。

★★★
4 **イカン**（残念に思うこと）ながらお断りした。

5 人生の**イギ**（そのものの価値）を考えてみる。

★☆☆
6 リーダーのやり方に**イギ**（反対や不服の考え）を唱える。

7 明治**イコウ**（それからあと）の日本の技術の発達。

★☆☆
8 相手の**イコウ**（考え・おもわく）を確かめて、判断する。

9 すみやかに屋内へ**イドウ**（場所などをうつして変えること）するように。

10 新しい部署への**イドウ**（職場での仕事や地位が変わること）が発表される。

★☆☆
11 **カイキ**（議かいなどがおこなわれるあいだ）が延長される。

12 祖母の三**カイキ**（毎年の命日を表す語）を迎える。

★★★
13 いつまでも平和が続く**ホショウ**（物事が確実であると請け合うこと）などない。

★★☆
14 憲法は人権を**ホショウ**（侵されないように守ること）する。

★☆☆
26 室内の**カンキ**（よごれたくうきをとりかえること）を忘れないようにする。

★★☆
27 チームの優勝に**カンキ**（こころの底からよろこぶこと）して躍り上がる。

★★★
28 世論を**カンキ**（よびおこすこと）する。

★★★
29 円高**カンゲン**（もとに戻すこと）セールをおこなう。

★★☆
30 わかりやすい表現に**カンゲン**（いいかえること）する。

★☆☆
31 **カンゲン**（うまいことば）にのせられて、つい買ってしまった。

★☆☆
32 約束の**キカン**（ある一定のあいだ）が過ぎても、音沙汰がない。

★☆☆
33 彼女は秘密**キカン**（団体・組織）に所属している。

★☆☆
34 **キカン**（のどから肺にいたるくだ）支炎にかかって学校を休んでしまった。

★☆☆
35 消化**キカン**（生物を構成する、一定の形と働きを営む部分）を検査する。

★☆☆
36 秋は人々を**カンショウ**（*センチメンタル）的なきもちにさせる。

★★★
37 美術館で絵画を**カンショウ**（芸術作品などを捉え味わうこと）する。

38 **カンショウ**（見て楽しむこと）用の熱帯魚を買った。

★★☆
39 彼は退職を**カンショウ**（すすめはげますこと）されて勇退した。

15 ★★☆ □□ **ガイトウ**（あてはまること）する部分を抜き出して答えよ。

16 ★☆☆ □□ 投票日が迫り、**ガイトウ**（路上・まちかど）演説にも熱が入る。

17 □□ 病状はだんだん**カイホウ**（病やけががよくなっていくこと）にむかっている。

18 ★★☆ □□ 被災地でけが人を**カイホウ**（病人やけが人などの世話をすること）する。

19 ★☆☆ □□ 封建制度から人々を**カイホウ**（束縛などから自由にすること）した。

20 □□ 目で見える光線を**カシ**（肉眼で見ることができること）光線という。

21 □□ **カシ**（温度の目盛りの一種）温度を用いた寒暖計。

22 ★☆☆ □□ 製造**カテイ**（物事の途中段階）を見学する。

23 □□ 修士**カテイ**（仕事や学習の範囲）を修了した。

24 ★☆☆ □□ 友人に**カンカ**（影響を受けること）されてサッカーを始めた。

25 ★★☆ □□ 隠された事実を**カンカ**（見逃すこと）してはならない。

40 ★★★ □□ 私生活にまで**カンショウ**（口出しすること）するな。

41 ★☆☆ □□ 他人に無**カンシン**（興味を持つこと）な若者が多い。

42 ★☆☆ □□ 彼女の努力には、実に**カンシン**（深くこころをうごかされること）させられた。

43 □□ 上司の**カンシン**（＊きげんをとる）を買うことばかり考えている。

44 ★★★ □□ 父は私に**カンヨウ**（こころが広いこと）な態度で接した。

45 ★★☆ □□ 人生は諦めが**カンヨウ**（きわめて大切なこと）だ。

46 □□ 新校舎建設の**キコウ**（建築作業を始めること）式がおこなわれた。

47 □□ 『奥の細道』は、優れた**キコウ**（旅での見聞・かんじたことを書いたもの）文である。

48 ★☆☆ □□ 原子力空母が横須賀《よこすか》に**キコウ**（途中のみなとに立ちよること）する。

49 ★☆☆ □□ 攻撃の**キカイ**（都合のよいとき）を狙っている。

50 ★☆☆ □□ 彼は時々**キカイ**（あやしくふしぎなさま）なことをいうので戸惑う。

解答

1 以外	2 意外	3 移管	4 遺憾	5 意義	6 異議	7 以降	8 意向	9 移動
10 異動	11 会期	12 回忌	13 保証	14 保障	15 該当	16 街頭	17 快方	18 介抱
19 解放	20 可視	21 華氏	22 過程	23 課程	24 感化	25 看過	26 換気	27 歓喜
28 喚起	29 還元	30 換言	31 甘言	32 期間	33 機関	34 気管	35 器官	36 感傷
37 鑑賞	38 観賞	39 勧奨	40 干渉	41 関心	42 感心	43 歓心	44 寛容	45 肝要
46 起工	47 紀行	48 寄港	49 機会	50 奇怪				

基礎 9

同音異義語②

書き取り

目標点 40/50
目標時間 20分

解答欄 別冊9ページ

□ 1 前々からの作戦をカンコウする。（おもい切ってやること）

★☆☆ □ 2 夏《なつ》目《め》漱石《そうせき》全集がカンコウされた。（出版すること）

★☆☆ □ 3 紅葉のシーズンはカンコウ客でにぎわう。（よその土地をみて楽しむこと）

★☆☆ □ 4 結局、村のカンコウに従うことになった。（前々からのならわし）

★☆☆ □ 5 今日は朝からキカク会議で忙しかった。（くわだて・もくろみ）

★★☆ □ 6 キカク外の野菜が安く売られている。（物の形や大きさについてさだめた標準）

★★★ □ 7 平日のカンサンとした商店街。（静かでひっそりとしていること）

★☆☆ □ 8 給与を時給にカンサンする。（計さんして別の単位の数量に置きかえること）

★☆☆ □ 9 久しぶりにキセイして歓迎を受ける。（故郷にかえること）

★☆☆ □ 10 キセイ品ではなく手作りにこだわる。（注文によるのではなく、すでに商品としてできあがっていること）

★☆☆ □ 11 先攻して、相手のキセイをそぐ作戦だ。（いきごみ）

★☆☆ □ 12 法律でキセイしなければ、自然が守られない。（とりしまること）

★☆☆ □ 13 経済キョウコウの兆しがある。（経済の状態が急に悪くなり、社会が混乱する状態）

★☆☆ □ 14 彼は自説をキョウコウに主張して譲らない。（つよく主張するさま）

□ 26 転倒したが、幸いケイショウで済んだ。（しょうじょうがかるいこと）

★★☆ □ 27 陸中海岸のケイショウの地に宿をとる。（けしきのよいこと）

★★☆ □ 28 地球温暖化にケイショウを鳴らす。（危険な知らせ）

★★☆ □ 29 伝統芸能をケイショウする。（受けつぐこと）

★☆☆ □ 30 あまりにケントウ外れの発言は人に笑われる。（みこみ・目あて）

★★★ □ 31 案件について皆でケントウする。（くわしく調べ、よしあしをかんがえること）

□ 32 日本はケントウして金メダルを手にした。（カいっぱいよくたたかうこと）

□ 33 彼からコウイを寄せられ、とまどう。（すきだというきもち）

★☆☆ □ 34 コウイ室で着替えてからグラウンドへむかう。（着ている物をきがえること）

□ 35 皆様のごコウイをありがたくお受けします。（深いおもいやり）

□ 36 野球部のコウエン会を組織する。（うしろだて）

□ 37 著名な作家のコウエンにでかける。（多数の人に対してする話）

□ 38 劇団の次のコウエンは『リア王』だ。（多数の客の前で音楽・劇などを催すこと）

□ 39 彼女は誰からもコウカンを持たれる人である。（このましくおもうこと）

□15 ★☆☆ **ケイキ**（社会の経済状態）は、徐々に回復しつつある。

□16 ★★★ そのことが**ケイキ**（きっかけ）となり、彼女と話すようになった。

□17 ★★☆ 入試問題の**ケイコウ**（ある方へむかっていくこと・偏ること）を調べる。

□18 運転免許証を常に**ケイコウ**（身につけて持っていくこと）している。

□19 ★☆☆ 重要な箇所は**ケイコウ**（ホタルが放つようなひかり）ペンで線を引く。

□20 ★★☆ その声は神の**ケイジ**（神が教えしめすこと）のように聞こえた。

□21 ★☆☆ 合否の発表された**ケイジ**（人目につくところにかかげしめすこと）板の前に立つ。

□22 金婚式の**ケイジ**（よろこびごと）に親族一同が集まった。

□23 ★★☆ 彼の話は**ケイチョウ**（熱心に耳をかたむけること）に値する。

□24 予算に**ケイチョウ**（祝うべきことと、とむらうべきこと）費を組み入れた。

□25 鼎《かなえ》の**ケイチョウ**を問う。（＊他人の実力を疑う）

□40 ★★☆ プレゼントを**コウカン**（とりかえること）し合う。

□41 ★☆☆ 小論文の**コウセイ**（組み立て）を練る。

□42 彼は、悪の組織を抜けて**コウセイ**（もとのよい状態に戻ること）した。

□43 社員の福利**コウセイ**（すこやかに豊かにすること）に力を注ぐ。

□44 三〇キロの**コウテイ**（道のり）を歩き通した。

□45 ★☆☆ 彼女の説には**コウテイ**（認めること）できない点がある。

□46 ★☆☆ 上昇**シコウ**（あることをめざすこと）のつよい子供。

□47 この法律は、再来年から**シコウ**（法律の効力を発すること）される。

□48 **シコウ**（かんがえること）をめぐらす。

□49 ★★☆ 日常生活に**シショウ**（さしさわり・さしつかえ）をきたすおそれがある。

□50 ★☆☆ 落語の**シショウ**（先生）に挨拶をする。

解答

1 敢行　2 刊行　3 観光　4 慣行　5 企画　6 規格　7 閑散　8 換算　9 帰省

10 既製　11 気勢　12 規制　13 恐慌　14 強硬　15 景気　16 契機　17 傾向　18 携行

19 蛍光　20 啓示　21 掲示　22 慶事　23 傾聴　24 慶弔　25 軽重　26 軽傷〈症〉　27 景勝

28 警鐘　29 継承　30 見当　31 検討　32 健闘　33 好意　34 更衣　35 厚意　36 後援

37 講演　38 公演　39 好感　40 交換　41 構成　42 更生　43 厚生　44 行程　45 肯定

46 志向　47 施行　48 思考　49 支障　50 師匠

基礎 **10**

同音異義語③

書き取り

目標点 40/50
目標時間 20分

解答欄 別冊10ページ

1 ★☆☆ どの政党を**シジ**（あと押しすること）するかは、個人の自由だ。

2 引率者の**シジ**（さしず）に必ず従ってください。

3 毎月**シュウシ**（金銭の入ったものと出たもの）報告書を提出する。

4 彼女の意見は**シュウシ**（*最初から最後までまったく変わらないこと）一貫している。

5 数年の論争に**シュウシ**（*物事のおわり）符を打つ。

6 ★☆☆ **シンコウ**（あたらしくおこること）住宅地となり、昔の面影はなくなった。

7 十年来、彼とは**シンコウ**（したしく付き合うこと）を続けている。

8 ★★★ 地域産業の**シンコウ**（勢いをもり上げること）を図る。

9 ★☆☆ 選挙の**キケン**（自分のけんりをすてて行使しないこと）は無責任だ。

10 ★☆☆ **キケン**（あぶないこと）なことは避ける。

11 ★☆☆ 乗り越し運賃を**セイサン**（細かく計さんし、不足分などを支払うこと）する。

12 過去を**セイサン**（過去のよくない事柄・関係を処理すること）して、新しい一歩を踏み出す。

13 今週は全校あげての**セイソウ**（きれいにすること）週間だ。

14 華やかに**セイソウ**（美しく着飾ること）して、パーティーに出席する。

26 ★☆☆ 日本中に**ヘンザイ**（広くそんざいすること）する民謡。

27 ★★☆ 都市部に人口が**ヘンザイ**（かたよってそんざいすること）する。

28 ★☆☆ この地は昔から**トウキ**（やきもの・せともの）の製造がさかんだ。

29 ★☆☆ 山林にごみが不法に**トウキ**（すてること）されている。

30 土地と家屋の**トウキ**（公の帳簿に一定の事項をしるすこと）を完了した。

31 ★☆☆ 輸出が伸びず、事業は極度の**フシン**（勢いのふるわないさま）に陥った。

32 ★☆☆ 昨夜の**フシン**（疑わしいありさま）な行動について説明してもらおう。

33 ★★☆ 会場確保のために**フシン**（ひどくこころを使うこと）する。

34 箱根は天下の**メイショウ**（景色のよいところ）の地といわれている。

35 ユニークな**メイショウ**（よびな）の通りがたくさんある。

36 彼は彫刻の世界では**メイショウ**（すぐれた芸術家）と呼ばれている。

37 ★★☆ 銀行から**ユウシ**（金銭を貸し借りすること）を受けて、土地を買う。

38 ★☆☆ その事件は**ユウシ**（文献に残された人類のできごと）以来の珍事である。

39 **ユウシ**（ある物事をなし遂げようとする人）を募ってＮＰＯ法人を立ち上げる。

□15 ロケットがセイソウ《＊地上一〇～五〇km付近にある大気圏》圏に突入した。

□16 君を探し求めて幾セイソウ《年月》経《た》っただろうか。

★★☆ □17 会合に呼ばれずソガイ《のけものにすること》感を抱く。

★★☆ □18 発展をソガイ《じゃまをすること》する大きな問題。

★☆☆ □19 この玩具のタイショウ《目当て・相手》年齢は六歳以上である。

★★☆ □20 二人の発言はタイショウ《違いなどが際立つこと》的である。

★☆☆ □21 AはBの線タイショウ《向き合う位置にあること》の位置にある。

★☆☆ □22 祖父がタンセイ《こころを尽くして物事をすること》して作った菊。

★★☆ □23 彼女はタンセイ《ただしくてきちんとしているさま》で品がある字を書く。

□24 商品のトクチョウ《他と比べてすぐれているところ》をアピールする。

★☆☆ □25 犯人のトクチョウ《他と比べて目立つところ》を伝える。

□40 縄文杉のユウシ《立派なすがた》にいたく感動した。

□41 アキレスはトロヤ戦争で活躍したユウシ《いさましい人》である。

★★★ □42 憲法をヨウゴ《大切に守ること》する。

□43 ヨウゴ《適切に守り、やしなうこと》教諭として赴任する。

★☆☆ □44 この大学は教員ヨウセイ《能力や技術を身につけさせること》コースがある。

★★★ □45 警察に警備をヨウセイ《願い求めること》する。

★☆☆ □46 あの人の話はいつもヨウリョウ《＊わけがわからない》を得ない。

□47 薬を飲むときは必ずヨウリョウ《定められたぶんりょう》を守ること。

★☆☆ □48 コンピューターのデータヨウリョウ《中にいれることができるぶんりょう》が増大した。

□49 リョウシ《魚や貝をとって生計をたてる人》が船を出して、仕事に行く。

□50 猪《いのしし》を撃ったリョウシ《鳥や獣をつかまえて生計をたてる人》から連絡が入る。

解答

1 支持	2 指示	3 収支	4 終始	5 終止	6 新興	7 親交	8 振興	9 棄権
10 危険	11 精算	12 清算	13 清掃	14 盛装	15 成層	16 星霜	17 疎外	18 阻害
19 対象	20 対照	21 対称	22 丹精〈誠〉	23 端正	24 特長	25 特徴	26 遍在	27 偏在
28 陶器	29 投棄	30 登記	31 不振	32 不審	33 腐心	34 名勝	35 名称	36 名匠
37 融資	38 有史	39 有志	40 雄姿	41 勇士	42 擁護	43 養護	44 養成	45 要請
46 要領	47 用量	48 容量	49 漁師	50 猟師				

基礎 11

読み分け

読み方

目標点 60/75

目標時間 20分

解答欄 別冊11ページ

1 発想の転換を図る。 考え方

★☆☆ 2 事の発端は彼女の発言だ。 はじまり

3 全国行脚の旅に出る。 ほうぼうを歩いてめぐること

4 善行を積む。 よい行い

5 殿様が乗るかご。 貴人・主君の敬称

6 野球の殿堂入り。 ある分野のすぐれているものが集められた施設

★★★ 7 心の糧となる書物。 活力を養うのに必要なもの

★☆☆ 8 兵糧攻めの作戦。 軍隊の食糧

9 食糧を確保する。 食べ物

★★☆ 10 心が虚◇しくなる。 からっぽである

★☆☆ 11 虚空を見つめる。 何もない空間

12 虚構の世界に遊ぶ。 小説などのつくりごと

★☆☆ 13 悪魔と天使の絵。 人の心を惑わす魔物

★★☆ 14 嫌悪をあらわにする。 憎み嫌うこと

★☆☆ 26 極端な考え方は避ける。 非常に偏っていること

★☆☆ 27 遺憾の極◇みである。 かぎり

★★☆ 28 至極愉快だった。 この上ないこと

29 遂◇に優勝を果たした。 結局・とうとう

30 最後までやり遂げる。 果たす

31 任務を遂行した。 成し遂げること

32 陰謀をめぐらす。 悪だくみ

33 謀反の疑いがある。 反逆すること

34 御霊前に花を供える。 仏前や神前を敬っていう言葉

35 制御装置が作動した。 目的に適した形で働くように扱うこと

36 彼は社長の御曹司だ。 名門の家の子息

37 一人で留守を預かる。 家にいないこと

38 以下の点に留意せよ。 心にとめること

39 取材のため派遣された。 任務を与え、ある場所へ行かせること

51 暇を持て余す。 するべき事がなく、手のあいている時間

52 お暇乞◇いに参りました。 休暇・辞職・離縁

53 余暇を楽しむ。 自由に使える時間

★★☆ 54 委員長は全国遊説中だ。 政治家が各地を演説して回ること

★☆☆ 55 厳重に説諭する。 教えさとすこと

56 勉強の必要性を説く。 筋道をたてて説明する

57 子供達のお遊戯発表。 運動と娯楽を兼ねて行われる集団的な踊りや遊び

58 江戸時代の戯◇作文学。 江戸後期の通俗小説の総称

59 柔肌に触れる。 柔らかな肌

60 仏像の柔和な表情。 やさしくおだやかな様子

61 閑寂な気分にひたる。 ひっそりとしてさびしい様子

62 寂然とした古い寺。 ものさびしい様子

63 解熱剤を処方する。 高くなった体温を下げること

64 フナの解剖実習。 体内を調べるために生物の体を切り開くこと

15 悪貨は良貨を駆逐する。（悪貨：品質のよくない貨幣）

16 父の遺言を守る。（遺言：死後のために言い残した言葉）

17 事故の後遺症に悩む。（後遺症：病気やけがが回復したあとまで残る症状）

★★☆ 18 知識を得ることに貪欲だ。（貪欲：欲深いさま）

19 貪るように本を読む。（貪る：限りなく欲しがる）

20 ビルの建設が進む。（建設：建物・組織などを新しくつくること）

★☆☆ 21 大寺院を建立する。（建立：寺院・堂・塔を建てること）

★☆☆ 22 性根を叩《たた》き直す。（性根：根本的な心構え）

23 すっかり理性を失った。（理性：道理に従って論理的に考える心の働き）

★☆☆ 24 観音様の権化のようだ。（権化：化身）

25 初めての化粧。（化粧：顔を美しく飾ること）

40 使者を遣わす。（遣わす：行かせる）

41 私が陣頭指揮を執る。（執る：とり行う）

42 彼らの確執は根が深い。（確執：自分の意見を譲らないことによる不和）

★☆☆ 43 失った物に執着する。（執着：深く思いがあり断念できないこと）

44 人間形成の重要な時期。（形成：整ったものに形づくること）

★☆☆ 45 鬼のような形相。（形相：顔つき）

46 功利主義に陥る。（功利：利益と幸福）

★☆☆ 47 人々に功徳を施した。（功徳：ためになるよいこと）

48 八重咲きの桜。（＊花びらが何重にも重なって咲くこと）

49 重箱の隅をつつく。（＊細かいところまでうるさく言うことのたとえ）

50 慎重に考える。（慎重：注意深く行動すること）

65 緊張が解ける。（解ける：感情がやわらぐ）

★☆☆ 66 納得して引き受ける。（納得：理解して受け入れること）

★☆☆ 67 道具を納屋にしまう。（納屋：物置き小屋）

★★☆ 68 古道具を納戸に置く。（納戸：衣服や調度をしまう部屋）

★★☆ 69 出納係に伝票を渡す。（出納：金銭や物品の出し入れ）

70 帰納して一般法則を導く。（帰納：具体的事実を総合して、一般的な原理を導くこと）

71 倉庫内は火気厳禁。（火気：火の気配）

72 現場に火の気はなかった。（＊火の気配）

73 便りが途絶える。（便り：音信・手紙）

74 時勢に便乗する。（便乗：チャンスを捉えて利用すること）

★☆☆ 75 便宜を図る。（便宜：都合のよいこと）

解答

1 はっそう
2 ほったん
3 あんぎゃ
4 ぜんこう
5 とのさま
6 でんどう
7 かて
8 ひょうろう
9 しょくりょう
10 むな(しく)
11 こくう

12 きょこう
13 あくま
14 けんお
15 あっか
16 ゆいごん
17 こういしょう
18 どんよく
19 むさぼ(る)
20 けんせつ
21 こんりゅう
22 しょうね

23 りせい
24 ごんげ
25 けしょう
26 きょくたん
27 きわ(み)
28 しごく
29 つい(に)
30 と(げる)
31 すいこう
32 いんぼう
33 むほん

34 ごれいぜん
35 せいぎょ
36 おんぞうし
37 るす
38 りゅうい
39 はけん
40 つか(わす)
41 と(る)
42 かくしつ
43 しゅうちゃく〈しゅうじゃく〉

44 けいせい
45 ぎょうそう
46 こうり
47 くどく
48 やえ
49 じゅうばこ
50 しんちょう
51 ひま
52 いとま
53 よか
54 ゆうぜい

55 せつゆ
56 と(く)
57 ゆうぎ
58 げさく
59 やわはだ
60 にゅうわ
61 かんじゃく
62 せきぜん〈じゃくねん〉
63 げねつ
64 かいぼう
65 と(ける)

66 なっとく
67 なや
68 なんど
69 すいとう
70 きのう
71 かき
72 け
73 たよ(り)
74 びんじょう
75 べんぎ

基礎

12

同訓異字語

書き取り

目標点 40/50

目標時間 20分

解答欄 別冊12ページ

□ 1 今年の夏は、実に**アツ**かった。（気温が高い）

□ 2 この温泉の湯は、かなり**アツ**い。（温度が高い）

□ 3 **アツ**い友情に支えられて、ここまでこられた。（人情が深い）

□ 4 彼はめきめきと頭角を**アラワ**した。（*才能などが他よりもめだつ）

□ 5 決勝進出のニュースを聞き、喜びを顔に**アラワ**した。（はっきり示す）

□ 6 膨大な資料を整理して、学術書を**アラワ**した。（出版する）

★☆☆ □ 7 冬用の衣類をタンスに**オサ**める。（しまう）

□ 8 国を立派に**オサ**めた皇帝。（支配する・世の中を平穏に保つ）

★☆☆ □ 9 大学の授業料を**オサ**める。（払い込む）

□ 10 大学院まで進んで、学問を**オサ**めようと思う。（身につける）

★☆☆ □ 11 在庫商品をすべて処分して、金に**カ**えよう。（他のものととりかえる）

★☆☆ □ 12 靴を買い**カ**える。（新しくする・入れかえる）

★☆☆ □ 13 家具の配置を**カ**える。（これまでと違ったものにする）

★☆☆ □ 14 書面をもって挨拶に**カ**える。（他の物や人がその役をする）

□ 26 卒業以来、彼女とは連絡を**タ**っている。（関係を解消する）

□ 27 病気をきっかけに、父は酒を**タ**った。（やめる）

★☆☆ □ 28 花柄の生地を**タ**って、子供服を縫う。（布地を切る）

★☆☆ □ 29 今回の発表会で主役を**ツト**める。（役割を受け持つ）

★☆☆ □ 30 県庁に**ツト**めながら、趣味で絵を描いている。（会社や役所で仕事をする）

□ 31 売り上げの倍増に**ツト**める。（はげむ）

★☆☆ □ 32 免許を**ト**る。（手に入れる）

★☆☆ □ 33 会議の最後に決を**ト**る。（よい方に決める）

★★☆ □ 34 大学の同好会で映画を**ト**る。（さつえいする）

★☆☆ □ 35 演奏会で指揮を**ト**る。（とり行う）

□ 36 夏休みにクワガタを**ト**って観察する。（つかまえる）

★☆☆ □ 37 方程式を**ト**く。（問題のこたえを出す）

□ 38 仏の教えを**ト**く。（教えさとす）

★☆☆ □ 39 絵の具を水で**ト**いて、仕上げにかかった。（液体にまぜあわせる）

□15 最後の問題を**コタ**(問題をとく)えられなかった。

□16 生徒の要望に**コタ**(はんのうを示す)えて、食堂が設置された。

★☆☆ □17 花瓶に菫《すみれ》の花を**サ**(物のあいだにさし込む)す。

□18 黒板を**サ**(ゆびなどでその方向を示す)し示して解説をする。

★☆☆ □19 トゲが**サ**(先のとがったもので突く)さってしまった。

□20 雨の中、傘を**サ**(かざす)して待つ。

□21 冗談を**マ**(＊本気にする)に受けると、とんでもないことになる。

□22 そこはゆっくりと**マ**(じかん的なあいだ)を置いて、話しなさい。

□23 事故を**マ**(＊じかに見る)のあたりにして、ショックを受ける。

□24 机と椅子を**モト**(物事のおこり・はじめ)の状態に戻してください。

□25 新しい資料を**モト**(土台)に、レポートを書く。

□40 新薬を使って、病気を**ナオ**(健康な状態にする)す。

□41 辞書を引いて、誤字を**ナオ**(訂正する)す。

□42 『源氏物語』は五十四帖《じょう》にも及ぶ**ナガ**(ある点から点までのへだたりが大きい)い物語だ。

□43 祖母は安らかに**ナガ**(＊死の旅に出る)い眠りについた。

★☆☆ □44 この池の深さを**ハカ**(高さや深さを調べる)ってみよう。

★☆☆ □45 荷物の重さを**ハカ**(重さや容積を調べる)る。

★☆☆ □46 新しい分野の開拓を**ハカ**(企てる)っている。

□47 今回のテストは**ヤサ**(簡単である)しい問題ばかりだ。

□48 厳しいと同時に**ヤサ**(情け深い)しい先生だった。

□49 チームは残念ながら準決勝で**ヤブ**(負ける)れた。

★☆☆ □50 部屋の障子があちこち**ヤブ**(紙・布が裂ける)れている。

解答

1 暑 2 熱 3 厚 4 現 5 表 6 著 7 収 8 治 9 納

10 修 11 換 12 替 13 変 14 代 15 答 16 応 17 挿 18 指

19 刺 20 差 21 真 22 間 23 目 24 元 25 基 26 絶 27 断

28 裁 29 務 30 勤 31 努 32 取 33 採 34 撮 35 執 36 捕

37 解 38 説 39 溶 40 治 41 直 42 長 43 永 44 測 45 量

46 図 47 易 48 優 49 敗 50 破

基礎 13

反対語①

書き取り

目標点 40/50
目標時間 20分

解答欄 別冊13ページ

1 あの牧場の牛乳はノウコウ《こってりしていること》でおいしい。

2 タンパク《あっさりしていること》な味の料理ばかり食べる。

3 アクヒョウ《わるいひょうばん》が立つのは困る。

4 展覧会がコウヒョウ《よいひょうばん》を博している。

5 エイエン《時が無限につづくこと》に尽きることのない思い。

6 シュンカン《きわめて短い時》最大風速は三〇メートルだ。

7 逆転したため、観客はコウフン《感情が高ぶること》した。

8 原油価格高騰のチンセイ《落ち着いてしずまること》化を図る。

9 彼こそがセイトウ《いちばんただしいとされる血筋など》な王位をつぐ者だ。

10 昔はイタン《ただしいと認められているものから外れていること》とされていた宗派。

11 人生をアンイ《のんき・いいかげんなさま》に考えてはいけない。

12 それを成し遂げるのは、シナン《きわめてむずかしいこと》の業だ。

13 彼はコイ《わざと》にファウルをして時計をとめた。

14 それはあくまでカシツ《しくじり》といっていい。

26 太陽はコウセイ《自ら発光するほし》の一つである。

27 教育を受けるケンリ《してもよいという資格》がある。

28 保護者としてのギム《当然果たさねばならないこと》を果たす。

29 技術はミジュク《慣れていなくてじょうずではないこと》だが、とてもよい作品だ。

30 ロウレン《慣れてじょうずなこと》な技に人々は感心する。

31 キュウセイ《症状がはやく現れ進むこと》の盲腸炎を発症する。

32 マンセイ《病気が長引くこと》の鼻炎に悩まされる。

33 ケイゾク《*つづけることが大切である》は力なり。

34 国交ダンゼツ《とだえること》は避けなければいけない。

35 古典作品はイヤク《全体のいみにおもきを置いて別の言語になおすこと》されていると読みやすい。

36 次の文をチョクヤク《一語一語に忠実に別の言語になおすこと》しなさい。

37 図形の中のエイカク《九〇度より小さいかく》を探しなさい。

38 ドンカク《九〇度より大きいかく》部分を測る。

39 今年のゲシ《北半球で昼が最も長い日》は六月二十二日だ。

☐☐ 15 ★☆☆ 大幅な省エネを実現するカクシンテキ《あたらしくしようとするさま》な発明。

☐☐ 16 彼女の考えはホシュテキ《旧来のものをまもろうとするさま》だ。

☐☐ 17 ★☆☆ エネルギージュヨウ《求めること》は経済成長と共に増大する。

☐☐ 18 ★☆☆ 電力のキョウキュウ《補ったり与えたりすること》システムを見なおす。

☐☐ 19 ★☆☆ ケイソツ《深く考えずに物事をすること》なプレーが命取りになる。

☐☐ 20 ★★☆ 答案はどこまでもシンチョウ《集中し、ちゅういして物事をすること》に書くことだ。

☐☐ 21 相手のチームにアッショウ《大きな差をつけてかつこと》する。

☐☐ 22 地元でザンパイ《さんざんに負けること》を喫し、落ち込む。

☐☐ 23 店のオクユ《表からおくまでの距離》きが深く、落ち着いている。

☐☐ 24 店のマグチ《道路に面した部分の幅》を拡張した。

☐☐ 25 地球は太陽系の八つのワクセイ《こうせいのまわりを公転するほし》の一つだ。

☐☐ 40 トウジ《北半球で夜が最も長い日》の日にゆず湯に入る。

☐☐ 41 花火をスイチョク《九〇度のかくどで交わるさま》に打ち上げる。

☐☐ 42 話し合いがヘイコウ《いくら延長しても交わらないさま》線をたどり、終わらない。

☐☐ 43 ★☆☆ 信号のないところで道をオウダン《よこに通り抜けること》してはいけない。

☐☐ 44 ★☆☆ アフリカ大陸をジュウダン《たてに通り抜けること》する。

☐☐ 45 人々をセンドウ《あおりそそのかすこと》してデモをする。

☐☐ 46 発言をセイシ《押さえとどめること》されて、憤る。

☐☐ 47 ニガテ《慣れておらず、思いどおりにできないこと》な科目を復習しておく。

☐☐ 48 エテ《＊よい機会に自信のあることを勇んでする》に帆を揚げる。

☐☐ 49 台風の影響で今年はキョウサク《農さくもつのできが非常にわるいこと》だ。

☐☐ 50 天候にも恵まれ、桃がホウサク《さくもつが多くとれること》だ。

解答

1 濃厚
2 淡白〈泊〉
3 悪評
4 好評
5 永遠
6 瞬間
7 興奮
8 沈静
9 正統

10 異端
11 安易
12 至難
13 故意
14 過失
15 革新的
16 保守的
17 需要
18 供給

19 軽率
20 慎重
21 圧勝
22 惨敗
23 奥行(き)
24 間口
25 惑星
26 恒星
27 権利

28 義務
29 未熟
30 老練
31 急性
32 慢性
33 継続
34 断絶
35 意訳
36 直訳

37 鋭角
38 鈍角
39 夏至
40 冬至
41 垂直
42 平行
43 横断
44 縦断
45 扇動

46 制止
47 苦手
48 得手
49 凶作
50 豊作

基礎

14 反対語②

書き取り

目標点 40/50

目標時間 20分

解答欄 別冊14ページ

1 ★☆☆ オーロラなどの自然**ゲンショウ**をおさめた写真集。（形をとってあらわれた物事）

2 学ぶことの**ホンシツ**を見失ってはいけない。（根もとにあるせいしつ・要素）

3 ★☆☆ 既得権を**コウシ**した方がいい。（実際につかうこと）

4 ★★★ 土地の相続権を**ホウキ**する。（投げすてること）

5 ★☆☆ 将来を**ユウリョ**する。（あれこれ心配すること）

6 ★☆☆ 周りの**キタイ**に応える。（当てにしてまつこと）

7 ★☆☆ 立ち居振る舞いがどことなく**ユウガ**な女性だ。（上品でみやびやかなさま）

8 ★☆☆ 彼は荒々しく**ソヤ**でがさつな男だ。（細かい気配りがたりないさま）

9 ★☆☆ 彼女は**オンケン**な思想の持ち主である。（おだやかでしっかりしていること）

10 できるだけ**カゲキ**な発言は慎むこと。（度を越してはげしいこと）

11 **クツジョク**的な大敗を喫した。（恥ずかしい思いをさせられ、面目を失ってしまうこと）

12 ★☆☆ 去年の**セツジョク**を果たすために練習を重ねる。（前に負けて受けた恥をすすぐこと）

13 ★★★ 事件の中心人物の身柄を**コウソク**した。（つかまえて自由にさせないこと）

14 無実がわかり**シャクホウ**された。（捕らえていた者を自由にすること）

26 ★★☆ 国務大臣を**ヒメン**する。（職をやめさせること）

27 ★★☆ スピード**イハン**のため、罰金を支払う。（規則などを破ること）

28 交通ルールを**ジュンシュ**する。（規則などに従い、それをまもること）

29 ★★★ 独裁政権は**スイタイ**の一途をたどる。（おとろえていくこと）

30 ★★☆ **ハンエイ**を極めた古代王朝。（さかえて発展すること）

31 ★★☆ **リュウキ**した砂地を歩く。（高く盛り上がること）

32 ★☆☆ 地盤**チンカ**の原因を調べる。（しずみさがること）

33 **イキ**な演出に歓声があがる。（洗練されてさっぱりとしていること）

34 ★☆☆ **ヤボ**な発言に一同顔を見合わせる。（洗練されていないこと）

35 学生の頃から**ロウセイ**した考えを持つ。（経験を積んで熟達すること）

36 ★★☆ **ヨウチ**なやり方では先が見えない。（考え方・やり方が未熟なさま）

37 動物**アイゴ**の活動に参加する。（かわいがり、気をつけてまもること）

38 精神的な**ギャクタイ**も見逃してはいけない。（ひどくいじめること）

39 ★☆☆ **エイガ**を極めた藤原道長《ふじわらのみちなが》。（権力や地位を得ること）

□15 殿はアング《道理にくらくおろかなこと》な振りをしているのだろうか。

★★☆
□16 ここで謝罪するのがケンメイ《かしこく道理にあかるいこと》な判断でしょう。

★☆☆
□17 ビンソク《すばやいさま》な行動が望まれる。

★☆☆
□18 早朝で動作がカンマン《のろいさま・手ぬるいさま》だ。

★☆☆
□19 冬は筋肉がシュウシュク《引きしまってちぢまること》してけがをしやすい。

★★★
□20 熱を加えると、物体はボウチョウ《ふくれ上がること》する。

★☆☆
□21 そこは東京からはエンカク《とおく離れていること》の地である。

★☆☆
□22 キンリン《となりきんじょ》の住民への報告会をおこなう。

★★★
□23 人権ヨウゴ《かばいまもること》団体が抗議する。

★☆☆
□24 人権シンガイ《不当に奪ったりそこなったりすること》で訴える。

□25 大使をニンメイ《職につくことをめいじること》する。

★☆☆
□40 レイラク《おちぶれること》した貴族を題材にした小説。

★☆☆
□41 じぶんをヒゲ《へりくだること》してはいけない。

□42 ジソン《じぶんを大切にし、品位を保つようにすること》心を傷つけられ、立ち直れない。

★★★
□43 生産カジョウ《ありすぎること》の製品をどう処理するか。

□44 物資のフソク《たりないこと》をどうやって補うか。

□45 氷のユウカイ《とけて、液体になること》を観察し、時間を計る。

★☆☆
□46 ギョウコ《液体がかたまること》した油を処分する。

□47 彼は非常にキンヨク《よくぼうを抑えること》的な生活を送っている。

★★☆
□48 キョウラク《思うままに快らくを味わうこと》にふける。

□49 コクサン《じぶんのくにの製品》材をつかって家を建てる。

★★☆
□50 ハクライ《外こくから運ばれてきたもの》の貴重な人形。

解答

1 現象
2 本質
3 行使
4 放棄
5 憂慮
6 期待
7 優雅
8 粗野
9 穏健
10 過激
11 屈辱
12 雪辱
13 拘束
14 釈放
15 暗愚
16 賢明
17 敏速
18 緩慢
19 収縮
20 膨張
21 遠隔
22 近隣
23 擁護
24 侵害
25 任命
26 罷免
27 違反
28 遵〈順〉守
29 衰退
30 繁栄
31 隆起
32 沈下
33 粋
34 野暮
35 老成
36 幼稚
37 愛護
38 虐待
39 栄華
40 零落
41 卑下
42 自尊
43 過剰
44 不足
45 融解
46 凝固
47 禁欲
48 享楽
49 国産
50 舶来

基礎

15

反対語③

書き取り

目標点 40/50

目標時間 20分

解答欄 別冊15ページ

1 不要なデータはサクジョ《取り去ること》しておく。

★☆☆ 2 テンカ《つけくわえること》物のない食品を選ぶ。

3 会議にかけた案件はすべてショウニン《みとめて許すこと》された。

★★★ 4 要求はすべてキョヒ《断ること・はねつけること》された。

★☆☆ 5 不合格の通知を見てラクタン《がっかりすること》した。

6 もう一年、と息子はハップン《心をふるい立たせること》して努力を誓った。

★☆☆ 7 キョギ《うそ・でたらめ》の証言をすることも罪となる。

★☆☆ 8 シンジツ《本当のこと・まこと》は必ずしも目には見えない。

★☆☆ 9 彼女は本社の課長にエイテン《今までよりも上の地位に就くこと》になった。

★☆☆ 10 人事異動でサセン《低い官職・地位に落とすこと》された。

11 海外出向社員を、本国にショウカン《呼び戻すこと》する。

★★☆ 12 西域に調査隊をハケン《任務を与え、ある場所へいかせること》した。

★★★ 13 この会社は優秀な人材がコカツ《欠乏していること》している。

★★★ 14 資金はジュンタク《たっぷりとあること》なので、事業拡大は可能だ。

26 春秋戦国時代はハドウ《武力で国を治める方法》を唱える諸侯が乱立した。

★☆☆ 27 農家はこれからがハンボウ《用事が多くていそがしいこと》期だ。

28 休み中はカンカ《のどかでひまのあること》を持て余していた。

29 現在の体制にハンギャク《国家や権威などにそむくこと》を企てる。

★★☆ 30 主人に対しキョウジュン《命令に従い服従すること》の意を表する。

★★☆ 31 海や川の水をオセン《よごれること》から守ろう。

★☆☆ 32 空気セイジョウ《けがれのないこと》機を手にいれる。

33 お揃《そろ》いの帽子にシンキン《したしみなじむこと》感を抱く。

★★★ 34 学生時代の友人とはソエン《したしみが薄くなるさま》になってしまった。

★★★ 35 師の教えをジッセン《じっさいにおこなうこと》する。

36 リロン《考え・知識》どおりにはなかなか進まない。

★☆☆ 37 オクビョウ《＊おじけづく》風に吹かれて何もできない。

38 あの場面で言い返せるとは、ゴウタン《肝が据わっていること》な人だ。

★★★ 39 初心をカンテツ《やり通すこと》するまでがんばろう。

15 □□ **ガンケン**な肉体を羨む。
体が非常に丈夫なこと

16 □□ **ビョウジャク**なため運動は避ける。
体がよわくびょうきにかかりやすいこと

17 □□ **ヤヒ**なやじをとばす。
下品でいやしいさま

18 ★★★ □□ 彼は**コウショウ**な趣味を有している。
知的で程度がたかく、上品なさま

19 □□ この辺りは**ナンジャク**な地盤で心配だ。
やわらかくてしっかりしていないこと

20 ★★☆ □□ 彼はなかなか志操**ケンゴ**な男である。
＊自分のこころざしをかたく守って変えないさま

21 □□ **ギョウコウ**の際に天皇に菓子を献上する。
天皇が外出すること

22 □□ 無事に**カンギョ**されてなによりだ。
天皇がギョウコウ先から帰ること

23 ★☆☆ □□ **ケンジョウ**語や丁寧語などを正しくつかう。
へりくだること

24 □□ 彼女の**コウマン**な態度には腹が立つ。
うぬぼれて人を見下すさま

25 □□ **オウドウ**は仁徳で民を治める政治思想だ。
仁徳で国を治める方法

40 ★★☆ □□ 一度**ザセツ**したからといって、あきらめるな。
つまずくこと・だめになること

41 ★☆☆ □□ 作品は多くの**ショウサン**を浴びた。
ほめたたえること

42 ★☆☆ □□ 口ぎたなく**バトウ**し合っていても解決しない。
激しくののしること

43 ★★☆ □□ **ヒヨク**な土地では文明がさかえる。
土地がこえている様子

44 ★☆☆ □□ 草一本生えない**フモウ**の地。
土地がやせている様子

45 ★☆☆ □□ 友人から**ケイベツ**の眼差《まなざ》しを受ける。
見下してばかにすること

46 □□ 恩師を**ソンケイ**し、その元に集まる。
たっとんであがめること

47 ★★☆ □□ 人間ドックで**セイミツ**検査を受けた。
くわしく正確であること

48 ★☆☆ □□ 届けられたのは作りの**ソザツ**な安物だった。
あらっぽくぞんざいなこと

49 ★☆☆ □□ 映画の**ガイリャク**を説明する。
あらまし

50 ★☆☆ □□ **イサイ**構わず、決行する。
こまかくくわしい事情

解答

1 削除
2 添加
3 承認
4 拒否
5 落胆
6 発奮〈憤〉
7 虚偽
8 真実
9 栄転
10 左遷
11 召還
12 派遣
13 枯渇
14 潤沢
15 頑健
16 病弱
17 野卑
18 高尚
19 軟弱
20 堅固
21 行幸
22 還御
23 謙譲
24 高慢
25 王道
26 覇道
27 繁〈煩〉忙
28 閑〈間〉暇
29 反逆
30 恭順
31 汚染
32 清浄
33 親近
34 疎遠
35 実践
36 理論
37 臆病
38 豪〈剛〉胆
39 貫徹
40 挫折
41 賞〈称〉賛
42 罵倒
43 肥沃
44 不毛
45 軽蔑
46 尊敬
47 精密
48 粗雑
49 概略
50 委細

基礎

16 類義語①

書き取り

目標点 40／50
目標時間 20分
解答欄 別冊16ページ

1 ★☆☆ やってみると**アンガイ**簡単だった。（予想とは違った様子）

2 彼の**イガイ**な発言に全員驚いた。（予想とは違った様子）

3 母の**カタミ**の朝顔が咲いた。（亡くなった人がのこしたもの）

4 父の**イヒン**を整理していたら日記が見つかった。（亡くなった人がのこしたもの）

5 辛《つら》いことに耐えるにも**ゲンド**がある。（かぎられた範囲）

6 空腹が我慢の**ゲンカイ**を超えた。（かぎられた範囲）

7 日本古来の家は主に木を**ザイリョウ**とする。（物を製造したり加工したりするもとになるもの）

8 この洗剤は石油を**ゲンリョウ**としている。（物を製造したり加工したりするもとになるもの）

9 彼女は自費で自分史を**シュッパン**した。（本などを印刷して販売すること）

10 ★☆☆ 新しい百科事典が**カンコウ**される。（本などを印刷して販売すること）

11 入学式の式**シダイ**を覚える。（じゅんばんを追ってすること）

12 解きかたの**ジュンジョ**を覚えないと解けない。（決まったじゅんばん）

13 ★☆☆ 強豪チームと**ゴカク**に戦う。（両者に優劣のないこと）

14 両者が**タイトウ**に話し合う。（双方に優劣・上下の差がないこと）

26 ★★☆ 我が校のサッカーチームは県内**クッシ**の強さだ。（多くの中で数え上げられるほどすぐれていること）

27 売り上げは**サクネン**より大幅な伸びだ。（ことしの前のとし）

28 **キョネン**の日記を読み返す。（ことしの前のとし）

29 ★☆☆ 初詣でに**シソン**繁栄を祈る。（のちのせだいの人々）

30 ★☆☆ **コウセイ**まで語り継ぐ。（のちのせだいの人々）

31 異郷の地で**ソコク**の歌を思い出す。（せんぞから代々住み続け、自分もそこで生まれたくに）

32 彼の**ボコク**はドイツだ。（自分の生まれ育ったくに）

33 ★☆☆ 台風の**ヨハ**でまだ海上は荒れている。（ある物事が終わったあともまだそのえいきょうが残ること）

34 ★★☆ 姉に**エイキョウ**されて音楽が好きになる。（他のできごとに力を及ぼすこと）

35 ★☆☆ 富士山麓で**テンネン**の水を汲《く》む。（人の力が加わっていないこと）

36 この山地は**シゼン**環境が保護されている。（人の力が加わっていないこと）

37 友人宅を訪ねたが家族全員**ルス**だった。（外出して家にいないこと）

38 教授は学会のため今日は**フザイ**だ。（外出して本来いるべき場所にいないこと）

39 彼女ほど**シンセツ**な人はめったにいない。（相手の身になって何かをする思いやりがあること）

15 このバスは**テイコク**に発車する。
前もって決められた時間

★☆☆ 16 約束の**コクゲン**に姿を現す。
決められた時間

17 どことなく**キヒン**が感じられる絵画だ。
優美でけだかい感じ

18 成長するにつれて**ヒンカク**が備わる。
その物や人に感じられるおごそかさ

19 仕事を早く進めるよい**ホウホウ**を考えよう。
ある目的に対するためのやりかた

20 どんな**シュダン**を使ってでもあの島に着きたい。
あることを実現させるためのてだて

★☆☆ 21 大量の野菜を船で**ユソウ**する。
車・船・飛行機などを使って物資をはこぶこと

★☆☆ 22 トラックで家具を**ウンパン**する。
人や物をはこび移すこと

★★★ 23 けがに応急的な**ソチ**を施す。
始末がつくよう取り計らうこと

24 交通事故を手際よく**ショリ**する。
物事をさばいて始末をつけること

★☆☆ 25 数学だけは**バツグン**に優れた成績だ。
多くの中で飛びぬけてすぐれていること

40 友人のあたたかい**コウイ**に感謝する。
思いやりのあつい気持ち

41 彼とは長いこと**オンシン**が途絶えている。
便りや連絡

★★☆ 42 長い間**ショウソク**を絶っていた知人から連絡が来た。
状況を知らせる便り

★☆☆ 43 郷土の祭りの**キゲン**を調べる。
物事のおこり

★★☆ 44 ギリシャはオリンピック**ハッショウ**の地だ。
物事がおこり現れること

45 ごく**フツウ**のデザインのカバンを買う。
ごくありふれていること

★★☆ 46 この計画は**ジンジョウ**のやりかたでは完遂しない。
特別ではなくふつうであること

★☆☆ 47 受験生を**ゲキレイ**する。
はげまして元気づけること

★★☆ 48 チームの士気を**コブ**する。
はげまして気持ちを奮い立たせること

★★☆ 49 けんかの**チュウサイ**役を買って出る。
争いの間に入って両者を和解させること

50 民事上の紛争を**チョウテイ**する。
対立する双方の間に入って争いをやめさせること

解答

1 案外	2 意外	3 形見	4 遺品	5 限度	6 限界	7 材料	8 原料	9 出版
10 刊行	11 次第	12 順序	13 互角	14 対等	15 定刻	16 刻限	17 気品	18 品格
19 方法	20 手段	21 輸送	22 運搬	23 措置	24 処理	25 抜群	26 屈指	27 昨年
28 去年	29 子孫	30 後世	31 祖国	32 母国	33 余波	34 影響	35 天然	36 自然
37 留守	38 不在	39 親切	40 厚意	41 音信	42 消息	43 起源〈原〉	44 発祥	45 普通
46 尋常	47 激励	48 鼓舞	49 仲裁	50 調停				

基礎 17

類義語②

書き取り

目標点 40/50
目標時間 20分

解答欄 別冊17ページ

1 彼は明朗**カイカツ**な性格なので人気の的だ。（明るく生き生きしている様子）

2 春になって虫たちが**カッパツ**に動き回る。（生き生きして勢いのよい様子）

3 バーゲンセールに**グンシュウ**が殺到する。（むらがりあつまった人々）

4 安全対策として児童の**シュウダン**登校をうながす。（ある目的のために人々があつまってできた一つのまとまり）

★☆☆ 5 一時間働くごとに十分の**キュウケイ**をとる。（運動や仕事の合間に一時心身をやすめること）

★☆☆ 6 夏の日差しを避けて木陰で**キュウソク**する。（仕事などを中断して心身をやすめること）

7 元日には家族で近所の神社に**サンパイ**する。（神社や寺院にまいって神仏をおがむこと）

8 一年間に百の寺社に**サンケイ**する。（神社や寺におまいりすること）

9 **ショウライ**は偉大な音楽家になりたい。（これから先・ゆくすえ）

10 人類の**ミライ**を予測する。（これから先にくる時）

★★☆ 11 **ケンシン**的な介護のおかげで回復する。（自分をかえりみずにつくすこと）

★☆☆ 12 災害に見舞われた町の復興に**ジンリョク**する。（あることを実現するためにちからをつくすこと）

★☆☆ 13 滞納していた市民税の**トクソク**を受ける。（早くするようにうながすこと）

★★☆ 14 借りていた本を返すよう**サイソク**された。（早くするようにうながすこと）

★☆☆ 26 これまでの考え方を**コンポン**から改める。（物事を成り立たせているおもと）

★☆☆ 27 いずれも力強くて**コウオツ**つけがたい。（すぐれていることとおとっていること）

28 野菜の品質の**ユウレツ**を競う。（すぐれていることとおとっていること）

29 彼女は**カサク**の多い画家だ。（すぐれたさくひん）

★★☆ 30 これほどの**ケッサク**は十年に一度しかない。（すぐれたできばえのさくひん）

★★★ 31 多額の**フサイ**を完全に返済する。（他からかりたかね）

32 収入がなくて**シャッキン**生活を強いられる。（かねをかり入れること）

★☆☆ 33 不毛の土地を苦労して**カイコン**する。（新たに山林や原野を耕して田畑にすること）

★☆☆ 34 北海道の原野を**カイタク**する。（荒地や山林を切りひらいて田畑や道路などをつくること）

★☆☆ 35 慢性**シッカン**を生活習慣によって改善する。（やまい）

36 この一年、**ビョウキ**で学校を休んだことはない。（体や精神状態に正常とは異なる変化が表れること）

★☆☆ 37 一人暮らしが長いが**スイジ**は苦手だ。（食物をりょうりすること）

38 初めての食材でもたくみに**チョウリ**する。（食物をりょうりすること）

39 野球チームの**チュウジク**に抜擢《ばってき》される。（組織などのちゅうしんになる人物や役割）

15 ★☆☆ 物を使い捨てにする**フウチョウ**がはびこる。
時代によってうつりかわる世の中の時勢

16 ★★☆ 試験の**ケイコウ**を踏まえて対策を練る。
物事がある方こうへむかっていること

17 **サイゲツ**は人を待たず。
としつき

18 我が人生も幾**セイソウ**を重ねる。
としつき

19 ★★☆ 太宰治《だざいおさむ》の小説に**シンスイ**する。
ある物事にこころを奪われ夢中になること

20 ★★★ 新しい時代を築く思想に**ケイトウ**する。
ある人や物事にこころを打ち込んで熱中すること

21 武者が戦う前に**セイメイ**をなのる。
苗字となまえ

22 書類に自分の**シメイ**を楷書で記入する。
苗字となまえ

23 ★★☆ この自転車は**シュウゼン**すればまだ乗れる。
壊れた部分をつくろい直すこと

24 雨漏りのする屋根を**シュウリ**する。
壊れたところや悪い部分を直して再び使えるようにすること

25 ★★★ 化学を**キソ**から学び直す。
物事を成り立たせているおおもと

40 規制緩和を政策の**シュジク**とする。
ちゅうしんとなる事柄

41 姉はピアノの**センセイ**をしている。
勉強・芸能・技術などをおしえる人

42 家庭**キョウシ**をして学費を賄う。
勉強・芸能・技術などをおしえる人

43 相手の不実なやり方を**ヒナン**する。
欠点や過失などを責めとがめること

44 ★☆☆ 発表した小説が多くの**ヒハン**を受けた。
物事のよくない点を指摘すること

45 ★☆☆ 数多くの**チキ**に恵まれる。
自分のことをよく理解してくれる人

46 彼はたった一人の**シンユウ**だ。
互いに心を許し合っているとも

47 ★★★ 指示に従い**ジンソク**に行動する。
物事の進め方や動作がとてもはやいこと

48 ★☆☆ **キビン**な動作で被害を免れる。
状況に応じてすばやく判断や行動をすること

49 ★☆☆ 服装の流行は時代によって**ヘンセン**する。
時間の経過にしたがってうつりかわること

50 ★★★ 政治情勢は刻々と**スイイ**していく。
時がたつにつれて物事がかわること

解答

1 快活	2 活発	3 群衆	4 集団	5 休憩	6 休息	7 参拝	8 参詣	9 将来
10 未来	11 献身	12 尽力	13 督促	14 催促	15 風潮	16 傾向	17 歳月	18 星霜
19 心酔	20 傾倒	21 姓名	22 氏名	23 修繕	24 修理	25 基礎	26 根本	27 甲乙
28 優劣	29 佳作	30 傑作	31 負債	32 借金	33 開墾	34 開拓	35 疾患	36 病気
37 炊事	38 調理	39 中軸	40 主軸	41 先生	42 教師	43 非〈批〉難	44 批判	45 知己
46 親友	47 迅速	48 機敏	49 変遷	50 推移				

基礎

18 類似の字形①

書き取り

目標点 40/50
目標時間 20分

解答欄 別冊18ページ

1 迷子の犬の**トクチョウ**が貼り出されている。 とくに目立つ点

2 この作品は人情の**キビ**が描けていない。 表面に表れないかすかな心の動きや事柄

3 美しい**センリツ**が流れ始めた。 メロディー

4 首相が**シセイ**方針演説を行う。 せいじを行うこと

5 事件の**サイバン**も大詰めにきた。 正・不正をさばくこと

6 多くの種類の椿《つばき》を**サイバイ**している。 植物を育てること

7 作品が初めて雑誌に**ケイサイ**された。 書籍などに文章や写真をのせること

8 地球の**カンキョウ**汚染が進む。 人間やその他の生物をとりまいている外界の様子

9 母はまもなく**カンレキ**を迎える。 六十歳のこと

10 **タイダ**な生活を送る自分に活を入れる。 なまけるさま

11 彼は次第に**ダラク**していった。 身を持ち崩すこと

12 気の毒な**キョウグウ**に心を痛める。 人が置かれたかんきょうや状況

13 **グウゼン**のチャンスを有効に生かす。 思いがけなく起こること

14 敷地の**イチグウ**にある石碑。 片すみ

26 レポートの誤字脱字を**シテキ**する。 とくに取り上げて具体的にさし示すこと

27 室内を**カイテキ**な温度に保つ。 心身に気持ちよくあい、心地のよいこと

28 グラスに**スイテキ**がつく。 しずく

29 プロに**ヒッテキ**する成績をあげる。 肩を並べること

30 経費の削減を**テッテイ**させる。 中途半端でなく貫かれていること

31 そんな悪法は**テッパイ**すべきだ。 とりやめること

32 案内板を増やして客への**ベンギ**を図る。 つごうのよいこと

33 必ず勝利すると**センゲン**した。 公に発表すること

34 彼は用意**シュウトウ**な男だ。 手抜かりのないさま

35 目標に**ガッチ**した学習方法を考えよう。 ぴったりとあうこと

36 迫力で相手を**アットウ**する。 際立った力で他をしのぐこと

37 ビル街が地震で**カイメツ**状態となる。 こわれてなくなること

38 昔の写真を見ていると**カイキュウ**の情がわく。 昔をなつかしく思うこと

39 過去の**ランカク**のために数が減った動物も多い。 むやみにとること

★★★ 15 その件について**ショウサイ**な説明を求めた。
（くわしくこまかなこと）

★☆☆ 16 企業の**フショウジ**が明るみに出る。
（好ましくないじけん）

★☆☆ 17 **ボウハテイ**から海を眺める。
（荒いなみが港内に入らないようにふせぐためのつつみ）

★☆☆ 18 安眠を**ボウガイ**する騒音に悩まされる。
（じゃまをすること）

19 麻とポリエステルの**コンボウ**のワイシャツ。
（種類の異なる繊維をまぜて織ること）

20 運動不足で**シボウ**がついてしまった。
（動植物に含まれる油のうち常温で固体のもの）

21 保守**ジンエイ**は結束を固めてのぞんだ。
（対立する勢力の一方）

★★☆ 22 そんな**チンプ**な表現はやめたまえ。
（ありふれて古くさい様子）

23 **タイレツ**を組んで、校庭に並んだ。
（たいを組んで作ったれつ）

★☆☆ 24 学者としての権威を**シッツイ**させる出来事。
（信用などをなくしてしまうこと）

★★★ 25 任務を**スイコウ**して、帰国の途についた。
（成しとげること）

★★★ 40 今年の米の**シュウカク**量は去年を上回る。
（農作物を取りいれること）

★★☆ 41 鳩《はと》が**イッセイ**に飛び立つ。
（同時）

42 父の**ショサイ**は整頓されている。
（家庭で、どくしょなどをする部屋）

★☆☆ 43 彼は県立高校の**キョウユ**を三十年勤めた。
（学校の正規の先生）

★★★ 44 **リンカク**のはっきりしない絵である。
（外形を形作っている線）

★☆☆ 45 彼女と、とことんまで**ギロン**を戦わせた。
（意見を述べあったり、是非を話しあったりすること）

46 エネルギー資源の多くを**ユニュウ**に頼る。
（外国から産物や技術などを買いいれること）

★☆☆ 47 公民科目の中から**リンリ**を選択した。
（人として守るべき道・それを研究した学問）

48 祖母は**ジキ**のコレクターだ。
（白色・半透明で、吸水性のない上質の焼き物）

★☆☆ 49 **ジヨウ**分の多い食事を心掛ける。
（えいようとなるもの）

★☆☆ 50 仏の**ジヒ**にすがるより方法がない。
（いつくしみ）

解答

1 特徴
2 機微
3 旋律
4 施政
5 裁判
6 栽培
7 掲載
8 環境
9 還暦
10 怠惰
11 堕落
12 境遇
13 偶然
14 一隅
15 詳細
16 不祥事
17 防波堤
18 妨害
19 混紡
20 脂肪
21 陣営
22 陳腐
23 隊列
24 失墜
25 遂行
26 指摘
27 快適
28 水滴
29 匹敵
30 徹底
31 撤廃
32 便宜
33 宣言
34 周到
35 合致
36 圧倒
37 壊〈潰〉滅
38 懐旧
39 乱〈濫〉獲
40 収穫
41 一斉
42 書斎
43 教諭
44 輪郭
45 議論
46 輸入
47 倫理
48 磁器
49 滋養
50 慈悲

基礎 19 類似の字形②

書き取り

目標点 40/50
目標時間 20分

解答欄 別冊19ページ

1 若いながら人生を**タッカン**している。 何事にも動じない心境になること

★☆☆ 2 ゴールの瞬間に**カンセイ**があがる。 喜びのあまりあげる叫びごえ

★★☆ 3 四月は新入部員の**カンユウ**に忙しい。 すすめさそうこと

★☆☆ 4 実に**フクザツ**極まる事情だ。 入り組んでいるさま

★☆☆ 5 遺跡を**フクゲン**するための工事が始まった。 もとに戻すこと

★★☆ 6 道路**ヒョウシキ**を確認して進む。 目じるし

7 彼らは**オリモノ**の研究のため京都を訪れた。 糸をおってつくった布

8 **シュウショク**先についてはよく考えよう。 仕事につくこと

★★★ 9 **ヨクヨウ**に十分注意して読む。 声などの調子の高低

★☆☆ 10 彼の神への**シンコウ**心はかなり深い。 しんじて敬うこと

★★☆ 11 権力に**ゲイゴウ**してはいけない。 人の気に入るように調子をあわせること

12 何の**インガ**か、またも失敗した。 以前に行った行為から受ける報い

★★☆ 13 生活に**コンキュウ**している。 ひどく貧しくて悩むこと

14 多くの**シュウジン**が収容されている。 刑務所で服役中のひと

★★☆ 26 真実に**キョコウ**を交えた読みもの。 作りごと

★★☆ 27 先生の**コウギ**を録音する。 学問上の考えを説いて教えること

28 月刊誌を定期**コウドク**している。 買ってよむこと

★☆☆ 29 彼は**イダイ**な音楽家である。 すぐれて立派なさま

★☆☆ 30 **イヤク**金を支払って移籍した。 やくそくに背くこと

★★★ 31 **カヘイ**の価値が上がる。 支払いの手段として流通するもの

★★★ 32 神経が**ヒヘイ**したため、休養をとる。 つかれ弱ること

★★☆ 33 **コウセキ**をたたえ、賞状が授与される。 手柄・大きな働き

★★☆ 34 **ルイセキ**赤字が膨らみ、危険な状態だ。 次々と重なりつもること

★☆☆ 35 **セキニン**逃れの発言が見受けられる。 しなければならないつとめ

★★☆ 36 農地には肥えた**ドジョウ**が適している。 つち

37 女王陛下が**ジョウイ**を発表された。 君主が立場をゆずること

★★☆ 38 父はワイン・日本酒などの**ジョウゾウ**酒に目がない。 発酵を利用して、酒やしょうゆなどをつくること

39 彼女は深窓の**レイジョウ**で、純真な心を持っている。 他人の娘を敬っていう言葉

15 ★☆☆ 高校時代の恩師に**バイシャク**人をお願いした。
結婚式の仲人

16 ★★☆ **ムボウ**かもしれないが、ぜひ挑戦したい。
結果をよく考えないで強引に行動すること

17 ★☆☆ 電流計の針の**シンプク**が小さい。
ふりはば

18 ★☆☆ 薬の**フクサヨウ**に十分注意しよう。
薬が治療に役立つ以外に起こす、主に有害な働きかけ

19 ★☆☆ 少なくなった部品を**ホジュウ**する。
不足分を足しておぎなうこと

20 ★☆☆ 現行犯で**タイホ**する。
犯人・被疑者などをとらえること

21 この辺りの道路はまだ**ホソウ**されていない。
道路の表面を固めること

22 文芸誌の**ヘンシュウ**長。
書籍・新聞などをつくり上げること

23 ★☆☆ 学歴**ヘンチョウ**社会は変化しつつある。
あるものを特別におもんじること

24 ★☆☆ 徳川《とくがわ》幕府の**サコク**政策。
海外との通商・交通を禁止すること

25 ★★★ 目の**サッカク**を利用したユニークな絵画。
かんかく上での誤り・かんちがい

40 徳川家康《いえやす》と**ソウヘキ**をなす武将。
甲乙つけがたい二つのすぐれたもの

41 **ジョウヘキ**を囲んだ堀。
おしろの周囲のかべや塀

42 法案の**ヨウコウ**がまとめられた。
物事の根本など大切な事柄をまとめたもの

43 **コウテツ**の意志で改革を推し進める。
炭素を一定量含んだ固いてつ・きわめて固いもののたとえ

44 ★★★ このドリルは常用漢字を**モウラ**している。
残らずあつめること

45 **ショコウ**の中でもひときわ幕府からの恩恵を受けた。
江戸時代の大名

46 ★★☆ 家業が六百年続く**ユイショ**ある家柄。
名誉ある歴史

47 ★★☆ **キセイ**事実となった事柄。
すでにできあがり、世間に通用していること

48 ★★★ 話を聞いて、しみじみと**カンガイ**にふける。
身にしみて思うこと

49 ★★★ ゼロの**ガイネン**はインドで生まれた。
おおよその意味

50 ★★☆ 客の注文に**ソクザ**に対応する。
すぐその場

解答

1 達観
2 歓声
3 勧誘
4 複雑
5 復元〈原〉
6 標識
7 織物
8 就職
9 抑揚
10 信仰
11 迎合
12 因果
13 困窮
14 囚人
15 媒酌
16 無謀
17 振幅
18 副作用
19 補充
20 逮捕
21 舗装
22 編集
23 偏重
24 鎖国
25 錯覚
26 虚構
27 講義
28 購読
29 偉大
30 違約
31 貨幣
32 疲弊
33 功績
34 累積
35 責任
36 土壌
37 譲位
38 醸造
39 令嬢
40 双璧
41 城壁
42 要綱
43 鋼鉄
44 網羅
45 諸侯
46 由緒
47 既成
48 感慨
49 概念
50 即座

標準

20 読み方①

1 ★★☆ 天賦の才に恵まれる。　生まれつきの資質

2 ★☆☆ 全権を掌握する。　支配して意のままにすること

3 ★☆☆ この庭は趣がある。　風情・おもしろみ

4 吹奏楽の練習。　管楽器中心の編成で演奏される合奏音楽

5 内容を詳述する。　くわしく述べること

6 ★★★ 過ぎ去りし日を顧みる。　回想する

7 ★★☆ 外国為替を扱う。　金銭の決済をするための手形や小切手の類

8 大臣の諮問機関。　意見を尋ねること

9 ★☆☆ 微かな香りがする。　あるかないか認めにくい様子

10 ★★☆ 祖父の愛惜していた本。　大切にし、失うことを惜しむこと

11 ★☆☆ 春の息吹を感じる。　生気・活気

12 ★☆☆ 道の傍らに咲く花。　そば・わき

13 極彩色を施した作品。　はなやかな色どり

14 ★★☆ 雪崩による被害。　傾斜地の積雪が一時に大量に崩れること

26 ★★☆ 大前提を覆す。　今までのことを否定する・ひっくり返す

27 時代は過渡期にある。　移り変わる途中の時期

28 非難に対する免罪符。　責任などをまぬかれるための理由や事柄

29 ★☆☆ 署名押印する。　印を押すこと

30 会社の嘱託となった。　正式の職員としてではなく業務を頼むこと

31 賞状を授与される。　さずけあたえること

32 道の秘奥を究める。　容易に達せられない奥深いところ

33 すっかりご満悦の体だ。　満足して喜ぶこと

34 ★☆☆ 言動を慎む。　あやまちのないように気をつける

35 危険は覚悟の上だ。　好ましくない事態に、心構えをすること

36 横隔膜が痙攣《けいれん》する。　呼吸作用を助ける筋肉の膜

37 飛躍的に生産が増大した。　急速に進歩・向上すること

38 ★☆☆ 閲覧室で本を読む。　書籍などを調べながら読む部屋

39 危機を包含している。　中に含み持つこと

51 ★★★ 真摯なプレー。　真面目でひたむきなさま

52 ニューヨークの摩天楼。　天に届くほどの大高層建築

53 ★★★ 心理的葛藤を描く。　相反する欲求や感情で迷い悩むこと

54 母校の名を辱めるな。　地位や名誉を傷つける

55 ★☆☆ いい雰囲気を作る。　その場やそこにいる人がかもし出す気分

56 カレンダーを頒布する。　多くの人に分けること

57 ★☆☆ 政府間の借款契約。　国際的な資金の貸し借り

58 ★★☆ 大臣を更迭する。　ある地位・役目の人を入れかえること

59 ★☆☆ 執行猶予付きの刑。　日時を先に延ばすこと

60 ★☆☆ 河川に泥が堆積する。　積もり重なること

61 歯牙にもかけない。　*問題にしない・相手にしない

62 ★★★ 広告の氾濫。　多く世の中に出回ること

63 一人娘を溺愛する。　やたらにかわいがること

64 天井桟敷で見物する。　見物席

読み方

目標点 60/75

目標時間 20分

解答欄 別冊20ページ

★☆☆ □□ 15 迷惑を被るのは御免だ。 身に受ける

★★★ □□ 16 暫く休憩する。 少しの間

□□ 17 趣向を凝らす。 注意を集中して何かをする

★★☆ □□ 18 克己心の強い選手。 自分にうちかつ心

□□ 19 神の御霊を鎮める。 落ち着かせる

★★☆ □□ 20 中国の官吏登用制度。 役所で公務に従事する人

★☆☆ □□ 21 老舗ののれんを守る。 先祖代々繁盛している店

★★★ □□ 22 暴力で脅かす。 恐れさせる

□□ 23 湖面が凍結する。 こおりつくこと

★★★ □□ 24 語彙の豊かな人。 ボキャブラリー

★★☆ □□ 25 辞書の凡例を見る。 書物の読み方や使い方を示したもの

★★★ □□ 40 単身任地へと赴く。 向かって行く

□□ 41 彼の演奏は玄人はだしだ。 ある技芸に熟達している人

□□ 42 白い足袋が印象的だ。 和装のときに履く袋状の履物

□□ 43 暫時、お待ちください。 少しの間

□□ 44 篤志家の寄付に頼る。 慈善事業などに熱心な人

★☆☆ □□ 45 地方の素封家の生まれ。 財産家・金持ち

★★☆ □□ 46 所詮かなわぬ夢だ。 結局・つまるところ

★★★ □□ 47 疑念を払拭する。 きれいに払いのけること

□□ 48 羞恥心の強い人。 恥ずかしく思う心

★★☆ □□ 49 辛辣な言葉で批評する。 非常に手厳しいさま

★☆☆ □□ 50 夜空に星が瞬く。 ちらちらする

★☆☆ □□ 65 人格を陶冶する教育。 素質を引き出し育て上げること

★★★ □□ 66 旗が翻っている。 風になびく

★★☆ □□ 67 彼は傲慢な男だ。 おごりたかぶること

★★☆ □□ 68 自然を崇める。 尊び敬う

★★☆ □□ 69 俳諧の本質を探る。 俳句

★★☆ □□ 70 連覇を阻まれた。 防ぎ止める・じゃまする

□□ 71 窯業の盛んな地域。 陶磁器・ガラス・セメントなどの製造業

□□ 72 民事訴訟を起こす。 裁判所に裁判の請求をすること

□□ 73 処方箋をもらった。 薬を調剤するための指定書

★★★ □□ 74 不正の弾劾。 罪や不正を暴き責任を追及すること

★☆☆ □□ 75 相手を侮ってはならぬ。 相手の力を軽く見る

解答

1 てんぷ
2 しょうあく
3 おもむき
4 すいそうがく
5 しょうじゅつ
6 かえり(みる)
7 かわせ
8 しもん
9 かす(か)
10 あいせき
11 いぶき

12 かたわ(ら)
13 ごくさいしき
14 なだれ
15 こうむ(る)
16 しばら(く)
17 こ(らす)
18 こっきしん
19 しず(める)
20 かんり
21 しにせ
22 おびや〈おど〉(かす)

23 とうけつ
24 ごい
25 はんれい
26 くつがえ(す)
27 かとき
28 めんざいふ
29 おういん
30 しょくたく
31 じゅよ
32 ひおう

33 まんえつ
34 つつし(む)
35 かくご
36 おうかくまく
37 ひやく
38 えつらんしつ
39 ほうがん
40 おもむ(く)
41 くろうと
42 たび
43 ざんじ

44 とくしか
45 そほうか
46 しょせん
47 ふっしょく
48 しゅうちしん
49 しんらつ
50 またた(く)
51 しんし
52 まてんろう
53 かっとう
54 はずかし(める)

55 ふんいき
56 はんぷ
57 しゃっかん
58 こうてつ
59 ゆうよ
60 たいせき
61 しが
62 はんらん
63 できあい
64 さじき
65 とうや

66 ひるがえ(って)
67 ごうまん
68 あが(める)
69 はいかい
70 はば(まれた)
71 ようぎょう
72 そしょう
73 しょほうせん
74 だんがい
75 あなど(って)

標準

21 読み方②

★☆☆ 1 生粋の江戸っ子。
まじりけのないこと

2 憎悪の念を抱く。
激しく憎み嫌うこと

★★★ 3 いい雰囲気を醸し出す。
ある状態や雰囲気を作り出す

★☆☆ 4 カマキリの擬態。
他のものに様子を似せること

5 囲炉裏を囲んで暖をとる。
部屋の床を切り抜いて火を燃やすところ

6 罪を償う。
金品や労役で埋め合わせる

7 斬新なデザイン。
目新しいこと

8 覚醒を促す。
目が覚めること・過ちに気づくこと

★★☆ 9 口汚く罵る。
声高にどなる

10 東北の古刹を訪ねる。
古い寺

11 多くの係累がいる。
めんどうを見るべき家族

12 旺盛な知識欲。
非常に盛んなこと

★☆☆ 13 恭しい態度で接する。
敬いつつしむさま

14 一抹の不安を感じる。
ほんの少し

★☆☆ 26 慰謝料を請求する。
精神的損害に対する賠償金

★☆☆ 27 子煩悩な父親。
自分の子供を非常にかわいがること

★★★ 28 時間を遡る。
物事をたどって立ち返る

★★★ 29 権利を侵す。
他人の権利を損なう

★★☆ 30 悪事を唆す。
する気にさせる

★★☆ 31 挨拶を交わす。
社交的な言葉や動作

32 親睦を深める。
互いに親しみ仲よくすること

33 凸凹道を走る。
表面に高低があり、ふぞろいなこと

★★★ 34 スランプに陥る。
よくない状態になる

35 国技館に相撲を観《み》に行く。
土俵内で二人が取り組んで勝負する競技

36 白髪染めを使う母。
白くなった毛

37 稚児行列に参加する。
寺や神社の祭礼に加わる子供

★☆☆ 38 和室に蚊帳を用意する。
虫を防ぐために寝床を覆うもの

39 硫黄の匂いのする温泉。
黄色でもろい、非金属元素

---

51 トタン屋根に亜鉛メッキを使う。
金属元素の一つ

52 歯列矯正のための器具をつける。
悪いところなどを直すこと

★★☆ 53 重畳たる山脈。
いくえにも重なり合うこと

54 流行が廃れる。
おとろえる

★☆☆ 55 胸襟を開いて語り合おう。
＊思いを隠すことなく打ち明ける

56 上弦の月を見上げる。
新月から満月の間の、半円状の月の形

57 田畑の畝作りを行う。
土を盛り上げたもの

58 公爵に謁見する。
身分の高い人にお目にかかること

★☆☆ 59 旅人を懇ろにもてなす。
丁寧で親切なさま

60 国王陛下から賜る御品。
いただく・くださる

61 数珠を持って手を合わせる。
玉を糸でつないだ輪で、手にかけて用いる仏具

62 お酒に酔って、醜態をさらす。
見苦しくみっともないさま

63 貞淑な女性の役を演じる。
女性の操がかたくしとやかなさま

64 競艇の選手になる。
モーターボートで競い合う公認賭博

読み方

目標点 60/75

目標時間 20分

解答欄 別冊21ページ

15 ★★★ 痕跡を残している。
何かがあったことを示すあと

16 ★★☆ 威嚇射撃をする。
力を見せつけておどすこと

17 ★★☆ 固唾を呑《の》んで見守る。
＊なりゆきを案じて息をこらす

18 ★☆☆ お手を煩わせます。
めんどうをかける

19 僅かに及ばなかった。
ほんの少し

20 役者冥利に尽きる。
＊その立場においてもったいないほどありがたい

21 ★★☆ 拍手喝采を浴びた。
ほめそやすこと

22 ★☆☆ 急勾配の山道を登る。
傾斜

23 ★☆☆ 戦争が勃発した。
急に起こること

24 ★★★ つまらぬことに拘泥する。
こだわること

25 ★☆☆ 君には覇気がない。
意気ごみ

40 偏った見方はよくない。
不公平・不均衡な状態になる

41 叔父と久しぶりに会う。
父母の弟・または父母の妹の夫

42 ★☆☆ 卒業式の流れを把握する。
物事をしっかりと理解すること

43 ★☆☆ 混雑ぶりは芋を洗うようだ。
＊多人数が狭いところにひしめくさま

44 誇張して話をしないでほしい。
おおげさに言うこと

45 ガーゼを煮沸消毒する。
水などに熱を通し、ふっとうさせること

46 ★★☆ 真実を捉える。
認識してつかむ

47 僕と妹で祖父母の家に行く。
主に男性が使用する自称の代名詞

48 食あたりのため下痢をする。
液状に近い形で便が出ること

49 妊娠によるつわりが辛《つら》い。
みごもること

50 又とないチャンスがめぐってきた。
もう一度・再び

65 ★☆☆ ネッケルが財務長官を罷免された。
職をやめさせること

66 積み上げたものが水泡に帰する。
＊努力がむだになる

67 種痘を開発したジェンナー。
天然痘を予防する医療法

68 窒息しないよう、注意する。
息がつまって、呼吸が止まること

69 淫らな関係に陥る。
慎みがなく品位を欠いている様子

70 ★★★ 恣意的判断は反感を買う。
論理的な必然性がないさま

71 恩師の訃報に接する。
死去のしらせ

72 ★☆☆ 実力を培う。
養い育てる

73 教室には誰が残っていますか。
不明の人をさす代名詞

74 ★★☆ 今後のなりゆきを危惧する。
心配・おそれること

75 海外生活を憧憬する。
あこがれること

解答

1 きっすい
2 ぞうお
3 かも(し)
4 ぎたい
5 いろり
6 つぐな(う)
7 ざんしん
8 かくせい
9 ののし(る)
10 こさつ
11 けいるい

12 おうせい
13 うやうや(しい)
14 いちまつ
15 こんせき
16 いかく
17 かたず
18 わずら(わせ)
19 わず(か)
20 みょうり
21 かっさい
22 こうばい

23 ぼっぱつ
24 こうでい
25 はき
26 いしゃりょう
27 こぼんのう
28 さかのぼ(る)
29 おか(す)
30 そそのか(す)
31 あいさつ
32 しんぼく
33 でこぼこ

34 おちい(る)
35 すもう
36 しらが
37 ちご
38 かや
39 いおう
40 かたよ(った)
41 おじ
42 はあく
43 いも
44 こちょう

45 しゃふつ
46 とら(える)
47 ぼく
48 げり
49 にんしん
50 また
51 あえん
52 きょうせい
53 ちょうじょう
54 すた(れる)
55 きょうきん

56 じょうげん
57 うね
58 えっけん
59 ねんご(ろ)
60 たまわ(る)
61 じゅず
62 しゅうたい
63 ていしゅく
64 きょうてい
65 ひめん
66 すいほう

67 しゅとう
68 ちっそく
69 みだ(ら)
70 しいてき
71 ふほう
72 つちか(う)
73 だれ
74 きぐ
75 しょうけい〈どうけい〉

標準 22

書き取り①

書き取り

目標点 40/50
目標時間 20分

解答欄 別冊22ページ

□ 1 猫がエンガワで日向《ひなた》ぼっこしている。
日本家屋の座敷の外にある細長い板敷

★★★ □ 2 そのような行いにはテイコウを覚える。
精神的に反発すること

★☆☆ □ 3 練習にアきたので一旦休憩する。
十分に経験していやになる

★☆☆ □ 4 レンズのショウテン距離を測定する。
レンズに入った光が一つに集中するところ

★★★ □ 5 人権尊重の考え方がシントウする。
考え方などが広く行き渡ること

□ 6 学問をキワめようと努力し続ける。
本質をつかむ

★☆☆ □ 7 性格がニョジツに表れた行動。
じじつそのままであること

★★★ □ 8 発言と行いがムジュンしている。
つじつまが合わないこと

★★★ □ 9 イセイシャの責任放棄は許されない。
せいじを行うもの

★★★ □ 10 人間は自然のオンケイを受けて生きている。
めぐみ

★★★ □ 11 敵が去るまで、穴の中にヒソんでいた。
隠れる

★★☆ □ 12 その作品はゲンソウ的で美しい。
＊夢でも見ているような様子

★☆☆ □ 13 天平《てんぴょう》時代の仏像チョウコクに惹《ひ》かれる。
物の形や文字などをほりきざむこと

★★★ □ 14 関東周辺は雲にオオわれるでしょう。
一面に広がりすっぽり包み込む

★★☆ □ 26 ジャンヌ・ダルクがユウヘイされた塔を訪れる。
人をある場所にとじ込めること

★★☆ □ 27 何をキハンにして行動するか。
行いや判断などの基準となるもの

★★★ □ 28 夜道は危険なのでケイカイして歩く。
注意し用心すること

□ 29 外国人に日本文化をショウカイする。
物事が知られるようにすること

□ 30 正しくジョウキョウを判断しましょう。
物事が変化するその様子

★☆☆ □ 31 そのことはアンモクの了解となっていた。
考えを外に出さないこと

★☆☆ □ 32 試験でキュウダイ点をとる。
試験などに合格すること

★☆☆ □ 33 キショウ価値の高い金属。
＊数がすくないことから生じる値打ち

□ 34 モウジュウに餌を与えることができる動物園。
性質の荒い肉食動物の総称

★☆☆ □ 35 衝動にカられて我慢できなかった。
ある気持ちにさせられる

★★☆ □ 36 カンジンなことは何も話さない。
この上なく大事なさま

★★★ □ 37 ケイシャの急な坂道をのぼる。
かたむいてななめになっている度合い

★☆☆ □ 38 彼は常識がケツジョしているようだ。
あるべきものがかけていること

★★★ □ 39 国際平和にコウケンする。
何かのために力を尽くして役に立つこと

★★☆ 15 守備ハンイ（一定の広がりや場所のこと）の広い好選手。

16 しばらくレイキャク（ひやすこと）期間を置いて考えよう。

★☆☆ 17 電車内で足をフ（足をのせて上から押しつける）まれる。

★☆☆ 18 その考え方は砂上のロウカク（＊実現不可能な計画のたとえ）に過ぎない。

★★★ 19 事態を正確にハアク（物事をしっかりと理解すること）する。

★★☆ 20 大雨で裏山がクズ（物が壊れて細かくなるなどして、もとの形でなくなる）れ、甚大な被害をもたらした。

★★★ 21 興信所に調査をイライ（物事を願いたのむこと）する。

★★☆ 22 彼女は失敗するとすぐに責任テンカ（責任・罪などを他になすりつけること）しようとする。

★★☆ 23 九州全土をオソ（不意に攻めてくる）った大型台風。

★★☆ 24 真情をトロ（包み隠さず述べること）する。

★★☆ 25 『源氏物語』はフキュウ（長い間滅びないこと）の名作である。

★★☆ 40 文章のシュシ（書いた人が言おうとしている内容や事柄）を正しく読み取ろう。

★☆☆ 41 暴力でのキョウハク（おどすこと）に屈してはいけない。

★★★ 42 どうしたらいいかトホウ（取るべきみち・手段）に暮れる。

★★☆ 43 雇用のソクシン（物事が円滑にすすむようにしむけること）を図る。

★☆☆ 44 混雑をサ（好ましくない物事から意識して遠ざかる）けて、時差通勤をする。

★★☆ 45 合成センイ（織物や紙などの原料となる細い糸のような筋）でできた服を着る。

★☆☆ 46 タマシイ（精神の働きのもとをなすと考えられているもの）の叫びを感じる、優れた芸術作品。

47 多くの後輩が彼をシタ（あこがれ近づきになりたいと思う）っている。

★★☆ 48 優勝の可能性はカイム（まったくないこと）に等しい。

★☆☆ 49 ビタミンのケツボウ（必要なものが足りないこと）をサプリメントで補う。

★★☆ 50 混乱にマギ（入りまじる・まざる）れて、逃げてしまった。

解答

1 縁側
2 抵抗
3 飽（きた）
4 焦点
5 浸透
6 究（め）
7 如実
8 矛盾
9 為政者
10 恩恵
11 潜（んで）
12 幻想
13 彫刻
14 覆（われる）
15 範囲
16 冷却
17 踏（まれる）
18 楼閣
19 把握
20 崩（れ）
21 依頼
22 転嫁
23 襲（った）
24 吐露
25 不朽
26 幽閉
27 規〈軌〉範
28 警戒
29 紹介
30 状〈情〉況
31 暗黙
32 及第
33 希少
34 猛獣
35 駆（られて）
36 肝心〈腎〉
37 傾斜
38 欠如
39 貢献
40 趣〈主〉旨
41 脅迫
42 途方
43 促進
44 避（けて）
45 繊維
46 魂
47 慕（って）
48 皆無
49 欠乏
50 紛（れて）

標準

23 書き取り②

★★★ 1 自己の人間的弱点を**コクフク**する。
困難に打ち勝つこと

★☆☆ 2 どの科目を**センタク**したらよいだろうか。
いくつかの中から適切なものをえらぶこと

3 芥川《あくたがわ》賞は**ブンダン**への登竜門といわれる。
作家・ぶんげい批評家たちの社会

4 彼女は、奄美《あまみ》大島を代表する**ミンヨウ**歌手である。
みんしゅうの中から生まれた歌

★★☆ 5 鼓は、最も**キョウギ**には小鼓だけを指す。
ある物事や言葉をせまい範囲で解釈した場合の意味

★☆☆ 6 たくみな**ユウドウ**尋問にひっかかった。
さそいみちびくこと

★☆☆ 7 あまりに**ヨクアツ**すると欲求不満になる。
おさえつけること

★☆☆ 8 秘書を**トモナ**って、社用車に乗り込む。
連れて行く

★★★ 9 式典を**エンカツ**に運ぶため尽力する。
物事がとどこおりなく行われること

★★★ 10 多くの**ギセイ**者が出た災害。
命を奪われたり傷ついたりすること

11 闘病中の彼を、友人は**ハゲ**まし続けた。
元気づけるようなことを言ったりしたりする

★★★ 12 国家としての**ケンイ**を保つ。
人がひれ伏して従うような卓越した力

★★☆ 13 子供の**ジュンスイ**な心。
邪心や私欲のないこと

★☆☆ 14 敵を**アザム**くにはまず味方から。
うそをついて人をだます

★★☆ 26 社会に**ショウゲキ**を与えた事件。
心理的に突然ゆりうごかされること・ショック

★★★ 27 優美で**センサイ**な古今調の歌風。
デリケート

28 過ぎ去りし日をしみじみと**ツイオク**する。
思い出してなつかしむこと

★☆☆ 29 『枕草子』は優れた**ズイヒツ**である。
見聞・感想などを記したもの・エッセイ

★★☆ 30 思いを歌に**タク**して伝える。
他のもの・方法を借りてする

★★★ 31 突然のことに**ドウヨウ**を隠せない。
心の落ち着きを失い、不安な状態になること

32 絵画の修行は名画の**モシャ**から始めた。
まねてうつしとること

★☆☆ 33 彼は**レイギ**をわきまえた人だ。
敬意の表し方・作法

★★☆ 34 川面に落ち葉が**タダヨ**っている。
浮かんでいる

★★☆ 35 現実**トウヒ**をしても現状は変わらない。
さけてにげること

★★☆ 36 この小説の**ボウトウ**の一節は、実に印象的だ。
はじめ

★☆☆ 37 世間の非難を**コリョ**しない身勝手な態度。
心を配って気にかけること

★☆☆ 38 学園祭でテニスの親善試合を**モヨオ**した。
計画して実行する

39 留学のため、ビザを**シンセイ**する。
役所などに要望を願い出ること

書き取り

目標点 40/50

目標時間 20分

解答欄 別冊23ページ

□□ 15 この生地はシンシュク《のびちぢみ》性に優れている。

□□ 16 高熱のため、休日シンリョウ《医者が患者の身体をみて病状などを判断すること》を受ける。

★☆☆ □□ 17 毎日ジョギングをして身体をキタ《修練によって体や精神を強くする》えている。

□□ 18 公序リョウゾク《よいふうぞくや習慣》に反する行為は慎もう。

★☆☆ □□ 19 人間のヒフ《動物の体の表面を覆う被膜》には無数の汗腺がある。

★★☆ □□ 20 少しの誤差はキョヨウ《大目に見ること》する。

★☆☆ □□ 21 リンカーンがドレイ《他人の私有財産として労働し、売買された人間》解放宣言を発した。

★★★ □□ 22 下校時間を過ぎたので、帰宅をウナガ《急がせる》した。

★☆☆ □□ 23 この件については、君にすべてユダ《信用して一切を任せる》ねよう。

★☆☆ □□ 24 そのくらいでカンベン《他人の罪やあやまちなどをゆるすこと》してやりなさい。

★★☆ □□ 25 美しい雪のケッショウ《物質を作る原子が立体的に規則正しく配列された固体》。

★★☆ □□ 40 その企業の商品をハイセキ《嫌って押しのけること》する。

★★★ □□ 41 バクゼン《ぼんやりとしてとりとめのないさま》とした不安に駆られる。

★☆☆ □□ 42 その発言がハモン《周囲に広がっていく影響》を広げる。

★★★ □□ 43 寒冷前線がテイタイ《通過・進行しないこと》する。

★☆☆ □□ 44 なんとか連敗をマヌカ《うまくそのことをさける》れることができた。

★☆☆ □□ 45 起業に向けて少しずつチョチク《金銭などをためておくこと》しておく。

★☆☆ □□ 46 マイゾウ《地中にうまっていること》文化財の発掘調査が進む。

★★☆ □□ 47 ボンヨウ《すぐれた点がないこと》な作品が並ぶ。

★★★ □□ 48 史実にイキョ《よりどころとすること》して小説を書く。

★★☆ □□ 49 ロウヒ《むだづかい》癖を改めなさい。

★★☆ □□ 50 キョウシュウ《こきょうを思い、なつかしむ気持ち》に駆られて田舎へ戻る。

解答

1 克服
2 選択
3 文壇
4 民謡
5 狭義
6 誘導
7 抑圧
8 伴(って)
9 円滑
10 犠牲
11 励(まし)
12 権威
13 純粋
14 欺(く)
15 伸縮
16 診療
17 鍛(えて)
18 良俗
19 皮膚
20 許容
21 奴隷
22 促(した)
23 委(ね)
24 勘弁
25 結晶
26 衝撃
27 繊細
28 追憶
29 随筆
30 託(して)
31 動揺
32 模写
33 礼儀
34 漂(って)
35 逃避
36 冒頭
37 顧慮
38 催(した)
39 申請
40 排斥
41 漠然
42 波紋
43 停滞
44 免(れる)
45 貯蓄
46 埋蔵
47 凡庸
48 依拠
49 浪費
50 郷愁

標準 **24**

書き取り③

- 1 食べ過ぎにより**イチョウ**を壊す。（人体の消化機能を受け持つ部分）
- ★☆☆ 2 **イホウジン**を温かく迎え入れる。（外国のひと）
- 3 老朽化により**エキシャ**を建て直す。（えきの建物）
- ★☆☆ 4 会社の**エンカク**を説明する。（物事の移り変わり）
- ★☆☆ 5 **エントツ**から真っ黒いけむりが立ち上る。（けむりを外に出すための筒）
- 6 顔面を**オウダ**する。（なぐること）
- 7 太宰治《だざいおさむ》の命日を**オウトウ**忌と呼ぶ。（バラ科の落葉高木）
- 8 **カイコ**からとれた絹糸を披露する。（かいこがの幼虫）
- ★☆☆ 9 湘南《しょうなん》にある**カイヒン**公園を訪れる。（はまべ）
- ★☆☆ 10 **ガロウ**に展示されている作品を見る。（絵などの美術品を置くところ）
- 11 **キカイ**体操部に入部する。（＊鉄棒・平均台などを使う体操）
- ★☆☆ 12 CGを使った**ギジ**体験が可能だ。（本物ににていること）
- 13 病院の**キッサ**室でしばらく話す。（おちゃなどを飲むこと）
- 14 意を決して**キュウコン**する。（けっこんを申し込むこと）

- 26 仲の良い**シマイ**として近所でも評判だ。（あねといもうと）
- ★☆☆ 27 イチョウの木の**シユウ**を見分ける。（めすとおす）
- ★★☆ 28 患者が**ショウコウ**状態を保つ。（重い病が少しよくなって落ち着くこと）
- 29 **ショウワ**の名曲が流れる。（大正と平成の間の時代）
- 30 **スイキョウ**なことを言う人だ。（もの好き・好奇心の強いさま）
- 31 会社の**ソンエキ**を算出する。（そんしつとりえき）
- 32 二酸化**タンソ**の生成。（物質の基本的な成分の一つ）
- 33 バラのアーチをくぐると**テイエン**があった。（整えられたにわ）
- ★☆☆ 34 このラジオは**カンデンチ**で動く。（携帯用の小型発でん装置）
- 35 自宅周辺の**テンポ**を探している。（商品を売るための建物）
- 36 **ハイエン**をこじらせて入院してしまった。（はいにウイルスなどが感染することで起こる疾患）
- ★☆☆ 37 売り上げを**バイゾウ**させるための宣伝費。（二ばいにふえること）
- ★☆☆ 38 春節の頃、中華街で**バクチク**の音が鳴り響く。（たけや紙の筒につめた火薬に点火して大きな音を鳴らすもの）
- ★★★ 39 本番で実力を**ハッキ**するための練習。（持っている力を存分に出すこと）

書き取り

目標点 40/50

目標時間 20分

解答欄 別冊24ページ

□□15 **キョガク**の富を得た若者。
（数量・金がくの非常に多いこと）

□□16 誰よりも**キンベン**に働き、信頼される。
（真面目に取り組むこと）

★☆☆
□□17 **グウゾウ**崇拝を禁じている宗教。
（崇拝する対象物をかたどったもの）

★★☆
□□18 インターネットで話題の言葉を**ケンサク**する。
（調べ探すこと）

□□19 日本全国の**ケンチョウ**所在地を覚える。
（行政事務を取り扱う役所）

□□20 **コハン**にあるお洒落《しゃれ》なカフェ。
（みずうみのほとり）

★☆☆
□□21 テレビの**ゴラク**番組を心待ちにしている。
（人の心をたのしませるもの）

□□22 ボールが**コ**を描いて相手にとどく。
（弓のような形）

★☆☆
□□23 **サイボウ**の構造と働きを調べる。
（原形質の固まりで生命を保つ最小の単位）

□□24 寒さも薄らぎ、ようやく梅の花が**サ**く。
（花のつぼみが開くこと）

□□25 大名に**シコウ**する。
（高貴な人の近くに仕えること）

★☆☆
□□40 銀を**サイクツ**する。
（土の中の鉱物などをほり出すこと）

□□41 従業員が**ハンキ**を翻す。
（＊権力に背き逆らうこと）

★☆☆
□□42 自転車を盗まれたため**ヒガイトドケ**を出す。
（危険やそんがいを受けたことを警察にとどける書類）

□□43 **ヒニョウキ**科を受診する。
（にょうを排せつする身体の一部きかん）

□□44 忘年会で**ブゲイ**を披露する。
（剣術・馬術などぶしが身につけた技）

□□45 盛岡市は**ホクイ**三十九度の位置にある。
（赤道からきたのい度）

★☆☆
□□46 祖父の亡くなった日が**ボヒ**に刻まれる。
（死者の戒名などを刻んだ石）

□□47 目に入れても痛くないという**マゴムスメ**。
（子の子（女））

★★☆
□□48 **ミリョク**的な笑顔の後輩。
（人の心をひきつけるちから）

★★☆
□□49 失礼の段、ご**ヨウシャ**ください。
（あまりとがめないで許すこと）

□□50 **ワンガン**にそって車を走らせる。
（入江の陸地部分）

解答

1 胃腸
2 異邦人
3 駅舎
4 沿革
5 煙突
6 殴打
7 桜桃
8 蚕
9 海浜
10 画廊
11 器械
12 疑〈擬〉似
13 喫茶
14 求婚
15 巨額
16 勤勉
17 偶像
18 検索
19 県庁
20 湖畔
21 娯楽
22 弧
23 細胞
24 咲（く）
25 伺候
26 姉妹
27 雌雄
28 小康
29 昭和
30 酔狂
31 損益
32 炭素
33 庭園
34 乾電池
35 店舗
36 肺炎
37 倍増
38 爆竹
39 発揮
40 採掘
41 反旗
42 被害届
43 泌尿器
44 武芸
45 北緯
46 墓碑
47 孫娘
48 魅力
49 容赦
50 湾岸

標準
25 書き取り④

書き取り

目標点 40/50
目標時間 20分
解答欄 別冊25ページ

1 告別式で**イゾク**へお悔やみを述べる。
死んだ人のあとにのこされたかぞく

★★★ 2 蚊を**バイカイ**として感染症が広がる。
なかだちをすること

★☆☆ 3 前回の成績がよかったので、二**カイキュウ**飛び越えた。
地位などの高さや順位

4 新規の**コキャク**を獲得する。
ひいきにしてくれるきゃく

★☆☆ 5 購読雑誌は**カクシュウ**で発売される。
一しゅう間おき

★☆☆ 6 形骸化した**カンシュウ**を破り、改革を進める。
しきたりやならわし

7 この**キュウハン**を越えると、ゴールは近い。
傾斜の大きなさか

8 姉が**キョウエイ**選手として大成する。
およぎの速さをきそうこと

★★☆ 9 リーダーの呼びかけに**キョウメイ**し集まる。
他人の意見などに同感すること

★☆☆ 10 あれ以来、彼女とは**キョリ**を置いて付き合っている。
へだたり

11 **クカク**整理したあとで売り出される。
土地などをしきって分けること

12 律令《りつりょう》制度のもと、**グンジ**として任命される。
律令制の地方官の名称

★★★ 13 それは人類に**フヘン**の原理だ。
あらゆる場合にあてはまること

★☆☆ 14 堤防が**ケッカイ**して川が氾濫する。
切れて崩れること

---

26 恐らく九月**ジョウジュン**には完成するだろう。
月の一日から十日まで

★★☆ 27 苦労の末に**イギョウ**を成し遂げる。
すぐれた仕事

28 主君に忠誠を誓う**シンカ**のような態度。
主君に仕える者

★☆☆ 29 世界経済に**タイトウ**する中国。
勢力を増して進出してくること

★★★ 30 彼女の文字は**チセツ**だが、文章は面白い。
子供っぽくて、つたないさま

31 ショックのあまりに**ソットウ**し、救護室に運ばれた。
意識を失ってたおれること

32 **タイエキ**した男性は、恩給をもらいながら生活した。
兵としての任務をしりぞくこと

33 七夕の頃には、願いを込めた**タンザク**をよく見かける。
もじなどを書く細長い紙

34 **チマナコ**になって犯人を捜すが、見つからない。
夢中になってかけまわること

★★★ 35 壊れやすいので、**テイネイ**に取り扱ってください。
細かいところまで気を遣って念入りにすること

36 **ドウソウカイ**の幹事を引き受けた。
おなじ学校で学んだ人達の集まり

37 カタツムリの**ネンエキ**が手についてしまった。
ねばりけのある水状の流動体

38 激しい運動で脂肪の**ネンショウ**を期待する。
物がもえること

★★☆ 39 **ソゼイ**の使い道を議会に諮る。
国や自治体がその経費にあてるため、住民から徴収するお金

15 ★☆☆ □□ 予想に反して、優勝**ケンガイ**に去ることとなった。
（範囲のそと）

16 □□ **コウクウケン**を片手に、手荷物検査所を通過する。
（飛行機に乗るためのチケット）

17 ★★★ □□ 信頼関係を**コウチク**してから治療を開始する。
（組み立て、作り上げること）

18 □□ **サイサン**の忠告にもかかわらず、彼は無視した。
（たびたび・しばしば）

19 □□ 戦後、ＧＨＱによって**ザイバツ**は解体された。
（金融などの分野で勢力をふるう一族・一団）

20 ★★★ □□ 経費**サクゲン**のため、消耗品の使用を控える。
（けずってへらすこと）

21 ★☆☆ □□ 海外の**シイカ**を翻訳して、出版する。
（韻文の総称）

22 ★☆☆ □□ 会長就任を**コジ**する。
（かたく断ること）

23 □□ 新聞の**シャセツ**を通勤電車の中で読む。
（新聞・雑誌などの主張・意見を掲載したもの）

24 □□ 日本の仏教は十を超える**シュウハ**に分かれている。
（同じ教えの中で分かれたまとまり）

25 □□ 必要**ジョウケン**を満たさないと応募できない。
（成立の上で必要となる制約）

40 □□ 父の愛用した**ハイザラ**をじっと見つめる。
（たばこの吸いがらなどを入れる器）

41 ★☆☆ □□ ビール工場で**バクガ**の製造過程を教えてもらう。
（大むぎを発芽させたもの）

42 ★☆☆ □□ 鎌倉**バクフ**を設立した源頼朝《みなもとのよりとも》。
（武家による政治を執り行うための組織）

43 ★★★ □□ 未知の可能性が**センザイ**している。
（内部にひそんでいること）

44 □□ 時計の**ビョウシン**が動かなくなってしまった。
（時計のびょうを示すはり）

45 □□ 祖母の**ベイジュ**を親戚一同で祝う。
（八十八歳のこと・その祝い）

46 ★★☆ □□ 公的**フジョ**に頼って生活する。
（力添えしてたすけること）

47 □□ **マイバン**夜釣りを楽しみにしていた父。
（夜ごと）

48 ★☆☆ □□ **ラクノウ**家に嫁ぎ、搾乳の手ほどきを受ける。
（牛・羊などを飼いそれらで生計をたてる仕事）

49 □□ 解答には**リャクジ**を使用してはいけません。
（簡単なものにしたもじ）

50 □□ **リョジョウ**を慰めるためのもてなしを用意する。
（たびの合間に感じるしみじみとした思い）

解答

1 遺族	2 媒介	3 階級	4 顧客	5 隔週	6 慣習	7 急坂	8 競泳	9 共鳴
10 距離	11 区画	12 郡司	13 普遍	14 決壊	15 圏外	16 航空券	17 構築	18 再三
19 財閥	20 削減	21 詩歌	22 固辞	23 社説	24 宗派	25 条件	26 上旬	27 偉業
28 臣下	29 台頭	30 稚拙	31 卒倒	32 退役	33 短冊	34 血眼	35 丁寧	36 同窓会
37 粘液	38 燃焼	39 租税	40 灰皿	41 麦芽	42 幕府	43 潜在	44 秒針	45 米寿
46 扶助	47 毎晩	48 酪農	49 略字	50 旅情				

標準

26

四字熟語①

書き取り

目標点 30/50

目標時間 25分

解答欄 別冊26ページ

◆ 1から50の四字熟語を漢字で記し、意味をア～オから選びなさい（完答1点）。

★★★ 1 シュシャセンタク
★★☆ 2 セイコウウドク
3 キュウテンチョッカ
★★☆ 4 キンカギョクジョウ
5 イッチョウイッセキ

ア 形勢がとつぜん変わり、事の決着がつくこと
イ よいものをとり、悪いものをすてること
ウ 短い時日
エ 俗事にとらわれない悠々としたせいかつ
オ この上なくたいせつな決まり

6 センサバンベツ
★★☆ 7 キドアイラク
8 ハクリタバイ
★★★ 9 ユウジュウフダン
★☆☆ 10 メイキョウシスイ

ア ひとびとのさまざまな感情の総称
イ ぐずぐずして決だんがつかないこと
ウ さまざまな種類があること
エ 邪念がなく、こころが澄みきっている様子
オ 安くたくさんうり、ぜんたいで収益をあげること

11 ショギョウムジョウ
★☆☆ 12 メンジュウフクハイ
13 ジュクリョダンコウ
★★☆ 14 キュウタイイゼン

ア 昔のままで進歩・発展がないさま
イ あらゆる現象はたえず変化するという仏教の教え
ウ あつかましく、はじ知らずのこと
エ 表はしたがうふりをし、こころでは反抗すること

★★☆ 26 ゼンダイミモン
27 イッシンフラン
28 デンコウセッカ
★★★ 29 カチョウフウゲツ
★★☆ 30 ジュウオウムジン

ア わきめもふらずひとつのことをすること
イ うつくしいけしき
ウ 今までにきいたこともない珍しいこと
エ きわめて短い時間・すばやい動作のたとえ
オ 思うがままに、じゆうであること

31 ダイドウショウイ
32 キシカイセイ
★★☆ 33 ホンマツテントウ
★★☆ 34 シンザンユウコク
★★☆ 35 ニソクサンモン

ア 破滅に近いものを立て直すこと
イ たいせつなこととつまらないことをとり違えること
ウ 価値がひくいこと
エ 細かい点は違うがだいたいおなじであること
オ ひとが行かない奥ぶかい自然

★★☆ 36 ウンサンムショウ
★★☆ 37 イッキトウセン
★★☆ 38 シンショウボウダイ
★☆☆ 39 リゴウシュウサン

ア ひとりでせんにんを相手にするほど強いこと
イ はなれたり、あつまったりすること
ウ おそれてふるえるさま
エ ちいさなことをおおげさに言うこと

★☆☆ □ 15 コウガンムチ

オ よく考えた上で思い切ってとり組むこと

★★☆ □ 16 シュビイッカン

□ 17 ゲッカヒョウジン

★★☆ □ 18 サイショクケンビ

★★☆ □ 19 サンシスイメイ

□ 20 イチイタイスイ

ア 終始ひとつの方向・精神でつらぬかれていること
イ 細長い布のように狭い川や海
ウ けしきのうつくしく清らかなこと
エ すぐれた能力とうつくしいようしを持つ女性
オ 男女の縁をとりもつひと

□ 21 ゼッタイゼツメイ

★★☆ □ 22 ビジレイク

□ 23 ヘイシンテイトウ

★★★ □ 24 グンユウカッキョ

★★☆ □ 25 キキュウソンボウ

ア あぶない状況で、いきるかしぬかの瀬戸際
イ たくみに飾って表現した言葉
ウ 多くのえいゆうが各地で勢力を争うこと
エ のっぴきならない立場に置かれること
オ ひれ伏して、おそれいる様子

□ 40 センセンキョウキョウ

オ 跡形もなくきえ去ってしまうこと

★★★ □ 41 イチモウダジン

★★☆ □ 42 ドウコウイキョク

★★☆ □ 43 バジトウフウ

★★★ □ 44 ヨウシタンレイ

□ 45 ヒャッキヤコウ

ア 他の声など聞き流して気にかけないこと
イ おおくの者が怪しく醜いおこないをすること
ウ 見かけは違うが、なかみはおなじであること
エ 犯罪者などをいちどに全員捕らえること
オ 顔立ち・すがたがうつくしいこと

★☆☆ □ 46 ジゴウジトク

□ 47 ナンコウフラク

★☆☆ □ 48 ゴリムチュウ

□ 49 キショウテンケツ

★★★ □ 50 トウイソクミョウ

ア 物事などの組み立て・構成と順序
イ 己のした報いを己が受けること
ウ どうしてよいかわからないさま
エ 簡単にはせめおとされないこと
オ その場にうまくあてはまったすばやい対応

解答

1 取捨選択・イ
2 晴耕雨読・エ
3 急転直下・ア
4 金科玉条・オ
5 一朝一夕・ウ
6 千差万別・ウ
7 喜怒哀楽・ア
8 薄利多売・オ
9 優柔不断・イ

10 明鏡止水・エ
11 諸行無常・イ
12 面従腹背・エ
13 熟慮断行・オ
14 旧態依然・ア
15 厚顔無恥・ウ
16 首尾一貫・ア
17 月下氷人・オ
18 才色兼備・エ

19 山紫水明・ウ
20 一衣帯水・イ
21 絶体絶命・エ
22 美辞麗句・イ
23 平身低頭・オ
24 群雄割拠・ウ
25 危急存亡・ア
26 前代未聞・ウ
27 一心不乱・ア

28 電光石火・エ
29 花鳥風月・イ
30 縦横無尽・オ
31 大同小異・エ
32 起死回生・ア
33 本末転倒・イ
34 深山幽谷・オ
35 二束〈足〉三文・ウ
36 雲散霧消・オ

37 一騎当千・ア
38 針小棒大・エ
39 離合集散・イ
40 戦戦恐恐・ウ
41 一網打尽・エ
42 同工異曲・ウ
43 馬耳東風・ア
44 容姿端麗・オ
45 百鬼夜行・イ

46 自業自得・イ
47 難攻不落・エ
48 五里霧中・ウ
49 起承転結・ア
50 当意即妙・オ

標準 27

四字熟語②

書き取り

目標点 30/50
目標時間 25分

解答欄 別冊27ページ

◆ 1から50の四字熟語を漢字で記し、意味をア～オから選びなさい（完答1点）。

1 ハクランキョウキ
2 シチテンバットウ
3 イッショクソクハツ
4 ガデンインスイ
5 ニッシンゲッポ

ア ことが切迫して、あやうい状態にあること
イ のたうちまわって苦しむこと
ウ 書物を広く見て、ものごとを覚えていること
エ たえずしんぽすること
オ 己に得があるようにむりに取り計らうこと

6 イキトウゴウ
7 シンキイッテン
8 インガオウホウ
9 ムガムチュウ
10 アクジセンリ

ア 何かをきっかけにしてきもちがかわること
イ おこないの善しあしによって、むくいがあること
ウ わるいおこないはすぐに広く知れ渡ること
エ あることにこころを奪われ、われを忘れること
オ 互いのきもちや考えがぴったりあうこと

11 フエキリュウコウ
12 ジガジサン
13 イットウリョウダン
14 ムミカンソウ

ア すみやかに決め、処理すること
イ 己で己をほめること
ウ 矛盾するふたつの命題がどちらも妥当であること
エ かわらないものの中にへんかを取り入れていく考え

26 ナンセンホクバ
27 ジボウジキ
28 ボウジャクブジン
29 イチゴイチエ
30 キキイッパツ

ア 思いどおりにゆかず、なげやりになること
イ たえずいろいろなところを旅すること
ウ 生涯にいちどの出あい
エ あぶない瀬戸際
オ 遠慮なく勝手な振る舞いをすること

31 キョウテンドウチ
32 タイキバンセイ
33 ショウシセンバン
34 セイテンハクジツ
35 イシンデンシン

ア こっけいでばかばかしいさま
イ おおものはながい時間をかけて生まれるということ
ウ 黙っていても互いにきもちが通じあうこと
エ 世間をおどろかすこと
オ うたがいが晴れること

36 コウウンリュウスイ
37 チョウサンボシ
38 イミシンチョウ
39 リンキオウヘン

ア いみがふかく含蓄のある様子
イ ものごとにこだわらずなりゆきにまかせること
ウ 状況、へんかにおうじて手段をかえること
エ 古いことを研究し、あたらしいちしきを得ること

15 ニリツハイハン

オ おもしろみもなく、うるおいのないさま

16 ウオウサオウ

17 ★★☆ キンゲンジッチョク

18 ★★★ シヨウマッセツ

19 ★☆☆ ヒャッカソウメイ

20 ★★★ タントウチョクニュウ

ア まえおきを抜きにしてすぐに本題にはいること

イ うろたえてあっちへこっちへいくこと

ウ 主要でないつまらないことがら

エ 多くの学者などが論じあうこと

オ つつしみぶかく真面目でしょうじきなこと

21 ★★☆ イチネンホッキ

22 ★★☆ ギシンアンキ

23 ★★★ シコウサクゴ

24 クウゼンゼツゴ

25 ★☆☆ チョウレイボカイ

ア いろいろなあやまりを重ねながら解決すること

イ 法などが始終かわって定まらないこと

ウ 思い立って、ことをなし遂げようと決めること

エ なんでもないことまでうたがわしく思うこと

オ 今までもこれからもないと思われる珍しいこと

40 ★★☆ オンコチシン

オ 口先でひとをごまかすこと

41 ★☆☆ ウイテンペン

42 ★★☆ イキショウチン

43 ★★★ シンシンキエイ

44 ★☆☆ シンショウヒツバツ

45 ホウフクゼットウ

ア この世のすべては常に移りかわっていくこと

イ あたらしく現れて勢いが盛んな様子・ひと

ウ ほうび・ばつを厳正におこなうこと

エ おおわらいすること

オ きもちがくじけ、しょげること

46 イッセキニチョウ

47 ★☆☆ キソウテンガイ

48 ★★☆ シュウジンカンシ

49 ★★☆ ヨウイシュウトウ

50 ギョクセキコンコウ

ア たくさんのひとが四方を取り囲んで見ていること

イ 良いものとわるいものとがまじること

ウ ひとつのおこないでふたつの利益を得ること

エ 準備が十分にゆき届いていて手抜かりのない様子

オ 思いもよらないようなかわっているありさま

解答

1 博覧強記・ウ
2 七転八倒・イ
3 一触即発・ア
4 我田引水・オ
5 日進月歩・エ
6 意気投合・オ
7 心機一転・ア
8 因果応報・イ
9 無我夢中・エ
10 悪事千里・ウ
11 不易流行・エ
12 自画自賛・イ
13 一刀両断・ア
14 無味乾燥・オ
15 二律背反・ウ
16 右往左往・イ
17 謹厳実直・オ
18 枝葉末節・ウ
19 百家争鳴・エ
20 単刀直入・ア
21 一念発起・ウ
22 疑心暗鬼・エ
23 試行錯誤・ア
24 空前絶後・オ
25 朝令暮改・イ
26 南船北馬・イ
27 自暴自棄・ア
28 傍若無人・オ
29 一期一会・ウ
30 危機一髪・エ
31 驚天動地・エ
32 大器晩成・イ
33 笑止千万・ア
34 青天白日・オ
35 以心伝心・ウ
36 行雲流水・イ
37 朝三暮四・オ
38 意味深長・ア
39 臨機応変・ウ
40 温故知新・エ
41 有為転変・ア
42 意気消沈・オ
43 新進気鋭・イ
44 信賞必罰・ウ
45 抱腹絶倒・エ
46 一石二鳥・ウ
47 奇想天外・オ
48 衆人環視・ア
49 用意周到・エ
50 玉石混交・イ

標準 28

四字熟語③

読み方

目標点 30/50
目標時間 25分

解答欄 別冊28ページ

◆ 1から50の四字熟語の読み方をひらがなで記し、意味をア～オから選びなさい（完答1点）。

1 天衣無縫
2 岡目八目
3 夏炉冬扇
4 周章狼狽
5 一気呵成

ア 思いがけないことに出あって、うろたえ騒ぐこと
イ 自然で飾りけのないさま
ウ 部外者の方が当事者よりも状況が判断できること
エ 時期外れで、役に立たないたとえ
オ ひといきに物事を仕上げること

6 呉越同舟
7 相互扶助
8 四面楚歌
9 曲学阿世
10 自家撞着

ア 四方八方がみな敵であること
イ 同じ人の言動が、前後で食い違うこと
ウ 仲の悪い者どうしがたまたま同じ場所にいること
エ 真理に背いた説を唱えて、時勢におもねること
オ たがいにたすけ合うこと

11 羊頭狗肉
12 偕老同穴
13 風光明媚
14 獅子奮迅

ア 夫婦仲がむつまじく、契りの固いこと
イ 必要不可欠な最後の仕上げのこと
ウ 激しく物事に取り組み力を尽くすことのたとえ
エ 見かけだおしであることのたとえ

26 手練手管
27 牽強付会
28 森羅万象
29 和洋折衷
30 豪放磊落

ア 心が広く、小さいことにこだわらないさま
イ 日本風・西洋風を適当にとりあわせること
ウ たくみに人をだます技巧
エ 自分の都合の良いようにこじつけること
オ 宇宙の中に存在するすべてのもの

31 東奔西走
32 直情径行
33 切磋琢磨
34 不撓不屈
35 巧言令色

ア 忙しくあちらこちらに走り回ること
イ 自分の思ったとおり行動すること
ウ 困難にくじけないこと
エ 言葉たくみに顔つきを和らげて機嫌をとること
オ 励まし合い向上すること

36 老若男女
37 栄枯盛衰
38 古色蒼然
39 有象無象

ア いかにもふるめかしい様子
イ 遠慮しないで議論すること
ウ 年寄り・わかもの・おとこ・おんな、すべてのひと
エ さかえたりおとろえたりすること

15 画竜点睛
16 清廉潔白
17 曖昧模糊
18 綱紀粛正
19 阿鼻叫喚
20 才気煥発
21 一言居士
22 軽挙妄動
23 大胆不敵
24 波瀾万丈
25 時期尚早

オ 自然の景色がすばらしいこと
ア 物事がはっきりしないさま
イ 心がきよらかで欲がなく、不正などをしないこと
ウ ひどくむごたらしい状態
エ 頭のすばやい働きが、外に現れること
オ 秩序を保つ上での規律を厳正にすること
ア 事件や人の生涯などの変化が激しいこと
イ 己の考えを述べなければ気持ちのすまない人
ウ あることを行うにはまだはやいこと
エ 深い考えもなく、かるはずみな行動をすること
オ 度胸があって物事を恐れないこと

40 侃侃諤諤
41 言語道断
42 杓子定規
43 順風満帆
44 捲土重来
45 面目躍如
46 明朗闊達
47 孤立無援
48 勧善懲悪
49 隔靴掻痒
50 泰然自若

オ 数は多いが価値のない物・人
ア 敗れたものが再び力を持つこと
イ 口ではいい表せないこと・もってのほかのこと
ウ 本来の能力を発揮して、いきいきと活動すること
エ 一つの基準で決めようとして融通が利かないさま
オ すべてがとどこおりなく進むこと
ア よい行いをすすめ、わるい行いをこらしめること
イ 明るくほがらかなこと
ウ 誰も助けてくれないこと
エ 落ち着いていて、物事に動じない様子
オ 物事の本質に触れず、もどかしいこと

解答

1 てんいむほう・イ
2 おかめはちもく・ウ
3 かろとうせん・エ
4 しゅうしょうろうばい・ア
5 いっきかせい・オ
6 ごえつどうしゅう・ウ
7 そうごふじょ・オ
8 しめんそか・ア
9 きょくがくあせい・エ
10 じかどうちゃく・イ
11 ようとうくにく・エ
12 かいろうどうけつ・ア
13 ふうこうめいび・オ
14 ししふんじん・ウ
15 がりょうてんせい・イ
16 せいれんけっぱく・イ
17 あいまいもこ・ア
18 こうきしゅくせい・オ
19 あびきょうかん・ウ
20 さいきかんぱつ・エ
21 いちげんこじ・イ
22 けいきょもうどう・エ
23 だいたんふてき・オ
24 はらんばんじょう・ア
25 じきしょうそう・ウ
26 てれんてくだ・ウ
27 けんきょうふかい・エ
28 しんらばんしょう・オ
29 わようせっちゅう・イ
30 ごうほうらいらく・ア
31 とうほんせいそう・ア
32 ちょくじょうけいこう・イ
33 せっさたくま・オ
34 ふとうふくつ・ウ
35 こうげんれいしょく・エ
36 ろうにゃくなんにょ・ウ
37 えいこせいすい・エ
38 こしょくそうぜん・ア
39 うぞうむぞう・オ
40 かんかんがくがく・イ
41 ごんごどうだん・イ
42 しゃくしじょうぎ・エ
43 じゅんぷうまんぱん・オ
44 けんどちょうらい〈けんどじゅうらい〉・ア
45 めんもくやくじょ〈めんぼくやくじょ〉・ウ
46 めいろうかったつ・イ
47 こりつむえん・ウ
48 かんぜんちょうあく・ア
49 かっかそうよう・オ
50 たいぜんじじゃく・エ

標準 29

四字熟語④

読み方

目標点 30/50
目標時間 25分

解答欄 別冊29ページ

◆1から50の四字熟語の読み方をひらがなで記し、意味をア～オから選びなさい（完答1点）。

1 猪突猛進
2 紆余曲折
3 唯我独尊
4 閑話休題
5 臥薪嘗胆

ア 複雑な経過をたどること
イ 目的達成のために苦労し努力することのたとえ
ウ 向こう見ずに突きすすむこと
エ じぶんだけが偉いとうぬぼれること
オ 文章で、本筋に戻す際に最初に使う言葉

6 不倶戴天
7 色即是空
8 快刀乱麻
9 茫然自失
10 権謀術数

ア すべての物質的現象は実体を持たないということ
イ 物事を手際よくあざやかに処理することのたとえ
ウ 気が抜けてぼんやりするさま
エ 仕返しせずにはいられないほど深く恨むこと
オ 人をたくみにだますはかりごと

11 毀誉褒貶
12 支離滅裂
13 常住坐臥
14 竜頭蛇尾

ア 初めは盛んで終わりがふるわないこと
イ ほめたりけなしたりの世評
ウ 思慮や落ち着きがなく、かるはずみなこと
エ ばらばらで筋道のたたないこと

26 満身創痍
27 乾坤一擲
28 粗製濫造
29 自縄自縛
30 質実剛健

ア 生活態度に飾りけがなく真面目なさま
イ 体中が傷だらけであること
ウ 一か八かの勝負をすること
エ 念入りでない品をやたらに多くつくること
オ じぶんの言動のため動きがとれず苦しむこと

31 換骨奪胎
32 一路邁進
33 渾然一体
34 天真爛漫
35 唯唯諾諾

ア ひたすらすすむこと
イ 純粋で無邪気なさま
ウ 人の言いなりになるさま
エ 古人の詩句を少し変えて表現すること
オ とけあって区別のつかない様子

36 大言壮語
37 盛者必衰
38 虎視眈眈
39 興味津津

ア 栄えているものもかならずおとろえるということ
イ 関心がわいて尽きないさま
ウ いばって実力以上のことを偉そうに言うこと
エ 遠く先のことまで考えた綿密な計画

★☆☆ 15 軽佻◆浮薄

オ いつも

16 時代錯誤
★☆☆ 17 内憂外患
★☆☆ 18 虚心坦◆懐
19 五臓六腑◆
★☆☆ 20 冠婚葬祭

ア 生涯で重要な四つの儀式
イ わだかまりなくさっぱりしたさま
ウ 内部的な問題と対外的な問題
エ 現代の考え方や方法に合わないこと
オ 体の中すべて・心の中

21 不偏不党
22 鶏鳴狗◆盗
23 白砂青松
24 荒唐無稽
★☆☆ 25 暗中模索

ア まったく現実ばなれした空想的なこと
イ くらやみのなかを手さぐりで探すこと
ウ いずれの主義にもかたよらず中立を守ること
エ つまらない技芸の持ち主のたとえ
オ 海岸の美しい景色

★☆☆ 40 深謀遠慮

オ 機会を狙って油断なく形勢をうかがう様子

41 八面六臂◆
42 主客転倒
43 疲労困憊◆
★☆☆ 44 千載一遇
★☆☆ 45 粉骨砕身

ア すっかりつかれきること
イ ものの順序・立場・軽重などが逆になること
ウ またとないこと
エ 一人であらゆる分野に渡って活躍するさま
オ 力の限り努力すること

46 一蓮◆托◆生
★☆☆ 47 気宇壮大
48 会者定離
49 外柔内剛
★☆☆ 50 附和雷同

ア 見識がなく、むやみに他人の説に従うこと
イ 結果にかかわらず運命を共にすること
ウ 見かけはやさしそうだが心の中は強いこと
エ めぐりあう者はいつか別れる運命にあるということ
オ 度量や発想などがとてもおおきいこと

解答

1 ちょとつもうしん・ウ
2 うよきょくせつ・ア
3 ゆいがどくそん・エ
4 かんわきゅうだい・オ
5 がしんしょうたん・イ
6 ふぐたいてん・エ
7 しきそくぜくう・ア
8 かいとうらんま・イ
9 ぼうぜんじしつ・ウ

10 けんぼうじゅっすう・オ
11 きよほうへん・イ
12 しりめつれつ・エ
13 じょうじゅうざが・オ
14 りゅうとうだび〈りょうとうだび〉・ア
15 けいちょうふはく・ウ
16 じだいさくご・エ
17 ないゆうがいかん・ウ

18 きょしんたんかい・イ
19 ごぞうろっぷ・オ
20 かんこんそうさい・ア
21 ふへんふとう・ウ
22 けいめいくとう・エ
23 はくしゃせいしょう〈はくさせいしょう〉・オ
24 こうとうむけい・ア
25 あんちゅうもさく・イ

26 まんしんそうい・イ
27 けんこんいってき・ウ
28 そせいらんぞう・エ
29 じじょうじばく・オ
30 しつじつごうけん・ア
31 かんこつだったい・エ
32 いちろまいしん・ア
33 こんぜんいったい・オ
34 てんしんらんまん・イ

35 いいだくだく・ウ
36 たいげんそうご・ウ
37 じょうしゃひっすい・ア
38 こしたんたん・オ
39 きょうみしんしん・イ
40 しんぼうえんりょ・エ
41 はちめんろっぴ・エ
42 しゅかくてんとう〈しゅきゃくてんとう〉・イ

43 ひろうこんぱい・ア
44 せんざいいちぐう・ウ
45 ふんこつさいしん・オ
46 いちれんたくしょう・イ
47 きうそうだい・オ
48 えしゃじょうり・エ
49 がいじゅうないごう・ウ
50 ふわらいどう・ア

標準 30

慣用表現

書き取り

目標点 40/50
目標時間 20分
解答欄 別冊30ページ

□ 1 ★☆☆ 彼はめきめき**トウカク**を現してきた。
才能などのすぐれていることが、ほかよりめだつようになる

□ 2 **ムシ**の知らせで、足早に帰宅した。
予感がすること

□ 3 友人の失敗を**タザン**の石とする。
自分の知識を磨くのに役立つ、他人のよくない言葉や行動

□ 4 後悔しても**フクスイ**盆に返らず。
一度してしまったことは取り返しがつかないことのたとえ

□ 5 ★☆☆ 今日の試合は**カンプ**無きまでに敗れた。
徹底的に

□ 6 ★★☆ 値上げ競争に**ハクシャ**を掛けた。
物事の進行をいっそう速める

□ 7 ★☆☆ 身も**フタ**もない言い方をするな。
露骨過ぎて、情味も含みもないこと

□ 8 最後の最後に**イッシ**を報いる。
やられてばかりいないで少しでも反撃・反論をする

□ 9 色づかいでほかの作品と**イッセン**を画する。
はっきりと区別する

□ 10 一寸の虫にも**ゴブ**の魂。
どんなに小さく弱いものにも相応の意地があること

□ 11 相手のミスで勝てたのは**タナ**から牡丹《ぼた》餅だ。
思いがけない得をすることのたとえ

□ 12 **トラ**の威を借る狐《きつね》のようなことはしない。
権威を後ろ盾にしていばる小人物のこと

□ 13 ★☆☆ 二人の技量には**ウンデイ**の差がある。
非常に大きな差

□ 14 **ザユウ**の銘を書いて士気を高める。
常にそばに置いて戒めとする言葉や格言

□ 26 相手の言い分がもっともで耳が**イタ**い。
自分の弱点をついていてつらい

□ 27 ★☆☆ **ロウバ**心ながら申し添えます。
おせっかい・くど過ぎる親切

□ 28 ★☆☆ **ダンチョウ**の思いで出発する。
はらわたがちぎれるほどつらく悲しいこと

□ 29 **カホウ**は寝て待て。
幸運は焦らずにチャンスが来るのを待つしかないことのたとえ

□ 30 ★☆☆ **マゴ**にも衣装。
誰でも姿形を整えれば立派に見えることのたとえ

□ 31 袖振り合うも**タショウ**の縁。
ちょっとしたできごともすべて前世からの因縁で起こるものだということ

□ 32 彼は**ココロエガオ**でうなずいた。
いかにも事情はわかっているといった表情

□ 33 **リンジョウ**感あふれる説明に聞き入る。
実際にそこで見聞きしているような感じ

□ 34 ★☆☆ **ウム**を言わせない的確な指示。
いやおうなしに

□ 35 舌先**サンズン**でごまかす。
心がこもらず口先だけであること

□ 36 ★☆☆ **ジョウキ**を逸した発言が目立つ。
世間一般の人が持つ知識や判断から外れる

□ 37 今回の一件は**フモン**に付す。
過失などをとりたててもんだいとしない

□ 38 **カベ**に耳あり障子に目あり。
どこで誰が聞いているか、見ているかわからないということ

□ 39 叱責を受けて、**アオナ**に塩だ。
元気がなくなるさま

15 **シントウ**を滅却すれば火もまた涼し。
どんな困難も気の持ち方次第で感じなくなる

16 立つ鳥跡を**ニゴ**さず。
立ち去るとき、あとが見苦しくないよう始末すべきである

★☆☆ 17 **ケイコウ**となるも牛後となるなかれ。
大きな集団の下位よりは、小さい組織でも長になるのがよい

★☆☆ 18 これは一筋**ナワ**では行かない難問だ。
ふつうの手段では思うようにできない

★☆☆ 19 **ハチク**の勢いで進撃する。
止めることができないほど激しい勢い

20 狸《たぬき》**ネ**入りをしてごまかす。
ねむったふりをすること

★☆☆ 21 **ハメ**を外し過ぎないように注意しなさい。
調子に乗って騒ぎ、度を過ごす

★☆☆ 22 **フトコロ**が深い人物。
度量が広く、包容力がある

23 **キセン**を制したことが勝利の要因だ。
さきに行動し相手の気勢を抑え、自分を有利にする

★☆☆ 24 **グチ**をこぼしても何も始まらない。
泣き言を言う

25 とんだ**イシュガエ**しに遭ってしまった。
恨みを抱いてしかえしをすること

40 **シュ**に交われば赤くなる。
交際する相手によってよくも悪くもなる

41 **ケンエン**の仲であった二人の和解。
非常に仲の悪い間柄

42 今更努力しても、**ヤ**け石に水だ。
まるで効果のないこと

43 **シュンミン**暁を覚えず。
はるは気候が良いので寝過ぎてしまうこと

44 引退試合で**ユウシュウ**の美を飾る。
最後までやり通し成果をあげること

45 目を**サラ**にして、紛失物を探す。
目を大きく見開く

46 恨み**コツズイ**に徹す。
恨みがきわめて深い

★☆☆ 47 彼の説は**キジョウ**の空論に過ぎない。
理論だけで役に立たない考え

★☆☆ 48 **ショウチュウ**の珠《たま》である娘を紹介する。
最も大切なもの

★☆☆ 49 象牙の**トウ**にこもった研究者。
俗世間から離れて研究などするさま

50 ただ**ユビ**をくわえて見学していた。
どうすることもできず、眺めるさま

解答

1 頭角
2 虫
3 他山
4 覆水
5 完膚
6 拍車
7 蓋
8 一矢
9 一線

10 五分
11 棚
12 虎
13 雲泥
14 座右
15 心頭
16 濁（さず）
17 鶏口
18 縄

19 破竹
20 寝
21 羽〈破〉目
22 懐
23 機先
24 愚痴
25 意趣返（し）
26 痛（い）
27 老婆

28 断腸
29 果報
30 馬子
31 多〈他〉生
32 心得顔
33 臨場
34 有無
35 三寸
36 常軌

37 不問
38 壁
39 青菜
40 朱
41 犬猿
42 焼（け）
43 春眠
44 有終
45 皿

46 骨髄
47 机上
48 掌中
49 塔
50 指

標準

31 誤字訂正①

書き取り

目標点 40/50

目標時間 20分

解答欄 別冊31ページ

◆次の文中の誤っている漢字を抜き出して、正しく書き改めよ。

1 佐渡で人工的に繁植されたトキが放鳥された。

2 彼の病状は、前次快方に向かっている。

3 最高の人工知能を登載した囲碁ソフトに挑む。

4 天守閣からの頂望は見事の一言に尽きる。

5 各国に二酸化炭素の廃出量削減を求める。

6 もう卒業とは、まさに光印矢のごとしである。

7 生徒を引卒して、修学旅行にでかける。

8 雑木林を抜採して宅地開発を進める。

9 この提防は江戸時代に土佐藩士が築いたものだ。

10 祖父は今でも偉厳に満ちている。

11 大御所俳優との共演で一役有名になった。

12 インフレで貨弊価値がどんどん下がる。

13 その小説を読むと何となく厭生的になる。

14 住民の嘆願に圧到され、市も対策に乗り出した。

26 犠牲的精神をやたらと発輝するのも考え物だ。

27 極端な意見に、皆は異句同音に反対した。

28 医学の発展に多大な功積を残した。

29 ごみの量を減らすためにも検約に努めよう。

30 不肖事が明るみに出て、辞職に追い込まれた。

31 革命により郡衆が大挙しておしかける。

32 実動時間を計算して、賃金の支払いを決定する。

33 志望していた企業に採用され、顧用保険に加入する。

34 地域の振興会が主催するコンクールの審佐員を務める。

35 模形の飛行機が完成したので、お披露目する。

36 隣の建物への遠焼被害を食い止めるため消火活動する。

37 先日購入した雑誌の底俗な内容の記事に憤りを覚える。

38 この映像は、復数の人物から得た証言を元に作成された。

39 時代の調流に乗り、一挙に脚光を浴びる。

15 政界と財界の論着に危機感を覚える。

16 仕事が片付き、久々の休暇を万喫する。

17 環境保善に積極的に取り組む。

18 できるだけ添化物の少ない食料品を買い求める。

19 この映画には斬酷な描写がある。

20 スター選手を穫得し、チームの再起を図る。

21 この先工事中につき、除行運転せよ。

22 対遇の改善について交渉を重ねる。

23 敵の集中抗撃を浴びて、撤退を余儀なくされる。

24 借金の返済を催捉され、苦慮している。

25 重税を課して人民から作取する悪政。

40 神社に参杯したあと、懇談会に出席する。

41 博物館で戦闘機の掃縦室を見学する。

42 文化祭の模擬店で販売を担当した。

43 表章式の当日に緊張して体調を崩す。

44 乾燥機能付き洗択機の取り扱い説明書を熟読する。

45 書籍を丁寧に包装して、封当に入れて送る。

46 情報を精査して、並願校にも願書を提出する。

47 定年退職後は遊々自適の生活を堪能する。

48 野球の練習試合で一累のポジションにつく。

49 面接官より、階書体で正しく記載するように指示された。

50 直前で意見を翻すとは、博情な同僚だ。

解答

1 植→殖
2 前→漸
3 登→搭
4 頂→眺
5 廃→排
6 印→陰
7 卒→率
8 抜→伐
9 提→堤

10 偉→威
11 役→躍
12 弊→幣
13 生→世
14 到→倒
15 諭→癒
16 万→満
17 善→全
18 化→加

19 斬→残
20 穫→獲
21 除→徐
22 対→待
23 抗→攻
24 捉→促
25 作→搾
26 輝→揮
27 句→口

28 積→績
29 検→倹
30 肖→祥
31 郡→群
32 動→働
33 顧→雇
34 佐→査
35 形→型
36 遠→延

37 底→低
38 復→複
39 調→潮
40 杯→拝
41 掃→操
42 版→販
43 章→彰
44 択→濯
45 当→筒

46 並→併
47 遊→悠
48 累→塁
49 階→楷
50 博→薄

標準

32

誤字訂正②

書き取り

目標点 40/50

目標時間 20分

解答欄 別冊32ページ

◆次の文中の誤っている漢字を抜き出して、正しく書き改めよ。

□1 意識を失ったが、急死に一生を得て驚異的に回復した。
□2 質疑応答では、会社ではなく固人の見解を求められた。
□3 次年度の催事では、共賛企業を募集している。
□4 業界の根管を揺るがす大改革が推し進められた。
□5 彼は規即違反により減給と謹慎処分を言い渡された。
□6 長い歳月にわたって筆絶に尽くし難い苦痛を味わう。
□7 会社の備品などを仕的に用いることを禁じます。
□8 就職を機に、予金口座の開設を勧められる。
□9 往年の大女優は学業面でも非常に優修であった。
□10 歴史小説で悪者を制伐する描写に興奮する。
□11 過去の記憶が洗明によみがえり、犯人が判明した。
□12 父は遅疑逡順していたが、突如沈黙を破った。
□13 建築から年数がたったので、自宅の滞震診断を依頼した。
□14 高層ビルの最上階から見下ろす大都会の夜景に感胆する。

□26 窮地に陥った兵士達は、総統の栄断により救助された。
□27 旬の果物を八百屋で見かけ、紀節の移り変わりを感じる。
□28 放浪の旅を続けて、ついには遍境の地で永住を決めた。
□29 敵の戦略が非常に陰検なので、対策を練るため退陣した。
□30 全世界を席巻する歌手の圧倒的な歌唱力。
□31 人形の朕妙な姿に、会場から陽気な笑い声が響く。
□32 生徒が一願となって奮闘した結果、決勝進出を決める。
□33 出版社の稿閲を担当する女性から催促の電話がくる。
□34 指導された体操は筋肉に負価がかかるため中止した。
□35 ビザ申請の手続きのため米国大使官を訪れる。
□36 懇意の記者のみ集めて、大臣が壇話を発表する。
□37 試行錯誤を重ねたが、任務を貫遂した。
□38 自治会の催し物で影写機を使って戦前の邦画を流す。
□39 暴風によりガラスの破返が床一面に散乱する。

□□15 地区大会では急に予定が変更され眺躍競技から始まった。

□□16 企画会議では展付の資料を元に詳細な試算説明を行った。

□□17 美術の予備校で素猫の基礎を丁寧に教授してもらう。

□□18 海水浴場で砂の硫子が足裏につき、心地よい感触だ。

□□19 青春時代の軽率な言動を思い出し、戒恨の情にかられる。

□□20 近隣住民に加線工事の告知の手紙が配布される。

□□21 男女雇用機会近等法は三十年以上前に施行された。

□□22 憲法の講義で幸福追求権や公共の福司について学ぶ。

□□23 懸念事項を解消するため、電択を使って試算してみる。

□□24 責任者の単絡的な発想により、多大なる損害を被る。

□□25 劇場の前で看版を見つめる少女に招待券を手渡す。

□□40 寒団の差がなくなり、空調設備を使用する頻度が減った。

□□41 獲得数が同じ場合は両者を比格し優劣を判断します。

□□42 引退試合を終え、選手と管督が抱擁して祝杯をあげる。

□□43 祖父母が合格希願のため、神社を参拝してくれた。

□□44 中応アジアは乾燥地帯が広がり、遊牧民族が多くいる。

□□45 縄文時代の取猟生活をうかがうことのできる発掘結果。

□□46 報道によると、紛争地帯は反乱軍により専拠された。

□□47 駅員の説明により収得物の保管場所まで歩を運ぶ。

□□48 保育士の実習で園児達に堂謡を歌ってあげる。

□□49 希望する予算の中で名画を落冊することができた。

□□50 警察は犯人の担索を継続する旨を報道陣に発表した。

解答

1 急→九
2 固→個
3 共→協
4 管→幹
5 即→則
6 絶→舌
7 仕→私
8 予→預
9 修→秀

10 制→征
11 洗→鮮
12 順→巡
13 滞→耐
14 胆→嘆
15 眺→跳
16 展→添
17 猫→描
18 硫→粒

19 戒→悔
20 加→架
21 近→均
22 司→祉
23 択→卓
24 単→短
25 版→板
26 栄→英
27 紀→季

28 遍→辺
29 検→険
30 券→巻
31 朕→珍
32 願→丸
33 稿→校
34 価→荷
35 官→館
36 壇→談

37 貫→完
38 影→映
39 返→片
40 団→暖
41 格→較
42 管→監
43 希→祈
44 応→央
45 取→狩

46 専→占
47 収→拾
48 堂→童
49 冊→札
50 担→探

発展

33 読み方①

読み方

目標点 60/75

目標時間 20分

解答欄 別冊33ページ

1 祖父母から林檎をもらう。（林檎：バラ科の落葉高木・果実は食用となる）

2 はたして何故だろうか。（何故：どうして）

3 管轄外の問題だ。（管轄：支配の及ぶ範囲）

4 『徒然草』を授業で読む。（徒然草：兼好法師作の随筆集）

5 わからない箇所を質問する。（箇所：その部分）

6 封筒に弐万円入っている。（円：金の単位）

7 映画の銃撃シーン。（銃撃：鉄砲による攻撃）

8 塊をどかすのは容易ではない。（塊：一つに集まったもの）

9 和歌の掛詞を探してみよう。（掛詞：同じ音を利用して意味を二つ以上持たせる修辞法の一つ）

10 絞り染めのシャツを作成する。（絞り染め：＊染色方法の一つ）

11 早苗を田へ移しかえる。（早苗：稲の若い苗）

12 おそらく某かの支払いをするだろう。（某か：不明な数量を表す語）

★★☆ 13 他者を凌駕する勢い。（凌駕：他をしのぐこと）

14 世界各国の錬金術の歴史。（錬金術：鉄・鉛などを精錬して貴金属に変化させようとする技術）

26 儒教の教えを重んじる。（儒教：孔子の教えをもとにした道徳的思想）

27 碁盤の目のようだ。（碁盤：碁を打つのに用いる台）

28 拷問され、自白した主人公。（拷問：肉体に苦痛を与えること）

★☆☆ 29 詐欺の電話に注意する。（詐欺：他人をだまして金品などをまきあげること）

30 暑い時期は酢の物に限る。（酢：酸味のある液体調味料）

31 三銭五厘。（厘：円の一〇〇〇分の一の単位）

32 嗣子として期待される。（嗣子：家のあとをつぐ子）

33 日本の国璽が押された文書。（国璽：国家を表す印）

34 爵位が授けられる。（爵位：貴族の位）

35 原稿用紙の升目に記す。（升目：方形に区切られた枠）

36 戸籍抄本を用意する。（抄本：原本の一部分を抜き取った文書）

37 今宵の月を仰ぎ見る。（今宵：今晩）

★★☆ 38 硝子張りの風呂場。（硝子：透明でかたくもろい物質）

39 推古《すいこ》天皇の詔。（詔：天皇のお言葉）

51 長い計画の一里塚となる仕事。（一里塚：江戸時代の路程標で、過程の一つの段階のたとえ）

52 白い御飯とナスの漬物。（漬物：野菜をぬかみそなどに漬けた食品）

53 殉職者に黙禱《もくとう》を捧《ささ》げる。（殉職：職務によって亡くなること）

★★★ 54 些細な出来事だ。（些細：取るに足りないさま）

55 料亭で接待を受ける。（料亭：日本料理を出す店）

★★☆ 56 穀物の輸入量が逓減する。（逓減：しだいに減ること・減らすこと）

57 尼寺を訪れる。（尼寺：仏門に入った女性の住む寺）

58 愛猫家の知人。（愛猫：猫をかわいがること）

59 漢文で甲乙丙丁の返り点を習う。（甲乙丙丁：優劣などの順序）

60 当時の土塀がそのまま残る。（土塀：土を固めた塀）

61 天気がよいので釣り堀へ行く。（釣り堀：＊魚などを有料で釣らせるところ）

62 花柳界の約束事。（花柳界：芸者などの社会）

63 捕虜としての生活。（捕虜：敵に捕らえられた兵士）

64 もはや後戻りは許されない。（後戻り：引き返すこと）

15 指揮官である大尉。
尉官の最上級の位

16 堪忍ならない状況。
怒りをこらえること

17 ◇虞美人草の花が咲く。
ひなげしの別称

18 異様な臭気が漂う。
いやなにおい

★☆☆
19 寡黙な人。
口数が少ないこと

20 意見を包括する。
一つにまとめること

21 よく泣き、且つよく笑う。
さらに・一方で

22 本の間にしおりを挟む。
物と物との間に入れる

23 文化勲章を授与される。
国が与える記章

24 歯茎が腫れている。
歯肉

25 正月の繭玉を用意する。
正月に用いる飾り

40 刃物の扱いには充分注意する。
包丁・ナイフなど

41 窃盗の疑いをかけられる。
他人の金品などをぬすむこと

42 薫風の候、皆様におかれましては…。
さわやかな初夏の風

★★★
43 観葉植物として仙人掌を置く。
葉がとげとなる多年草の総称

44 急いで消火栓を確認する。
火を消すためのホースの水道栓

45 牧歌的な風景。
素朴で叙情的なさま

★☆☆
46 棟梁の指示を待つ。
大工のかしら

★☆☆
47 可塑性に富んだ素材。
物体に力を加えて変形させたあと、もとの形に戻らない性質

48 積極的に藻類を摂取する。
昆布・ワカメなどの総称

★★☆
49 大名家の嫡子。
家督を相続する者

50 国王は「朕は国家なり」と述べた。
天子が使用する自称の代名詞

65 窓枠に手を置く。
窓のふち

66 釜飯のうまい店。
炊き込み御飯

67 近畿地方の天候。
本州の中西部の地方

68 悪の巣窟。
悪者などの隠れ住む場所

69 一八九〇年発布の教育勅語。
天皇の公式な言葉

70 船の右舷に立つ。
右側のふなばた

71 禁錮刑に処する。
監獄に拘置される刑罰

72 持ち駒が無くなってしまった。
＊手元にある利用価値のある人・物

73 妹が配膳を手伝う。
料理をくばり並べること

74 曽祖父の白寿を祝う。
祖父母の父

75 椎茸のよい香り。
食用のきのこ

解答

1 りんご
2 なぜ〈なにゆえ〉
3 かんかつ
4 つれづれぐさ
5 かしょ
6 にまんえん
7 じゅうげき
8 かたまり
9 かけことば
10 しぼ(り染め)
11 さなえ

12 なにがし
13 りょうが
14 れんきんじゅつ
15 たいい
16 かんにん
17 ぐびじんそう
18 しゅうき
19 かもく
20 ほうかつ
21 か(つ)
22 はさ(む)

23 くんしょう
24 はぐき
25 まゆだま
26 じゅきょう
27 ごばん
28 ごうもん
29 さぎ
30 す
31 りん
32 しし
33 こくじ

34 しゃくい
35 ますめ
36 しょうほん
37 こよい
38 がらす
39 みことのり
40 はもの
41 せっとう
42 くんぷう
43 さぼてん
44 しょうかせん

45 ぼっかてき
46 とうりょう
47 かそせい
48 そうるい
49 ちゃくし
50 ちん
51 いちりづか
52 つけもの
53 じゅんしょく
54 ささい
55 りょうてい

56 ていげん
57 あまでら
58 あいびょう
59 こうおつへいてい
60 どべい
61 (釣り)ぼり
62 かりゅうかい
63 ほりょ
64 あともど(り)
65 まどわく
66 かまめし

67 きんき
68 そうくつ
69 ちょくご
70 うげん
71 きんこ
72 (持ち)ごま
73 はいぜん
74 そうそふ
75 しいたけ

発展

34 読み方②

読み方

目標点 60/75

目標時間 20分

解答欄 別冊34ページ

1 就職を斡旋する。
間に入ってうまくいくように取り計らうこと

2 才能の片鱗を見せる。
ほんの一部分

3 隈なく探してみた。
すみずみまで・残すところなく

4 下賜された御品。
身分の高い人が低い者に物を与えること

5 慧眼に恐れ入る。
物事の真実を見抜く鋭い眼力

6 ゴルフの醍醐味。
深い味わい

★★☆ 7 実に稀な出来事だ。
めったにないさま

8 それは形而上の問題だ。
形を持たない、抽象的なもの

★★☆ 9 報告に安堵する。
安心すること

10 主役に抜擢された。
多くの中から選び出して重要な役につけること

★☆☆ 11 隘路を打開する。
さしさわり・支障

★☆☆ 12 資料編纂に従事する。
集めた材料を整理して書物を作ること

★☆☆ 13 彼は狡猾な人物だ。
ずるがしこい

★★☆ 14 些末なことにこだわるな。
取るに足りないさま

26 彼女はとても御洒落だ。
服装などに気を遣って飾ること

★☆☆ 27 一世を風靡した。
多くの人をなびき従わせること

★☆☆ 28 面倒を厭わない。
きらう・いやがる

★☆☆ 29 新年早々椿事が起こる。
思いがけない事件

★☆☆ 30 数多くの逸話を残す。
世間にあまり知られていない興味深い話

31 滋養強壮の効果がある。
たくましいこと

★☆☆ 32 蒐集家の彼。
コレクション

★★★ 33 老年ながら気力が横溢している。
あふれるほど盛んなこと

34 昏睡状態が続く。
ぐっすりと眠り込むこと・意識を失うこと

35 自己顕示欲の強い男。
人にわかるように、はっきりと示すこと

★★☆ 36 忽然と姿を消した。
にわかに

★★☆ 37 文化が伝播する。
伝わり広まること

★★☆ 38 思わず快哉を叫んだ。
この上なく愉快なこと

39 険阻な山道。
山などのけわしい様子

★★☆ 51 静謐を保つ空間。
静かで落ち着いていること

★☆☆ 52 民主主義を標榜する。
主義・主張などを公然とかかげ示すこと

53 敷地と建坪。
建築面積

★★☆ 54 渋滞を避けるため迂回する。
遠回りすること

★☆☆ 55 華奢な体つきの女性。
姿・形がほっそりとしたさま

★★☆ 56 閉塞感が漂う。
閉じてふさがること

57 遜色ない仕上がり。
見劣り

★☆☆ 58 執拗に問いただす。
しつこいさま

59 台風が爪痕を残す。
被害のあと

★★★ 60 現実から乖離した机上の空論。
まったく背き離れること

★★☆ 61 他人を羨むことはない。
自分もそうありたいと思う

62 都会の喧騒。
さわがしくうるさいさま

★★★ 63 自然の恵みを享受する。
受け入れて自分のものにすること

★★☆ 64 刹那的な楽しみ。
きわめて短い時間

15 ★★★ □□ 疾病期間の生活を保障する保険。
やまい

16 ★☆☆ □□ 無垢な子供。
けがれのないこと

17 ★★☆ □□ 圧力で形が歪む。
本来の形でなくなる

18 ★☆☆ □□ 憐憫の情がわく。
かわいそうに思うこと

19 □□ 怨恨による事件。
うらみ

20 □□ 頬杖をついてはいけません。
ひじを立て、顔をてのひらで支えること

21 ★☆☆ □□ 人口が稠密な地方。
一か所に多く集まるさま

22 □□ 絢爛な衣装に身を包む。
きらびやかで美しい様子

23 ★★☆ □□ 脆弱な精神を改めよ。
もろくて弱いこと

24 ★★★ □□ 芭《ば》蕉《しょう》の終焉の地を訪れた。
臨終

25 □□ 餞別の品を渡す。
別れを惜しんで渡す贈り物

40 ★☆☆ □□ 啓蒙思想に触れる。
＊十七～十八世紀にヨーロッパで起こった革新的思想

41 ★★★ □□ 血の滲むような努力を続ける。
液体がうっすらと出る

42 ★★★ □□ 剣岳《つるぎだけ》が屹立している。
そびえたつさま

43 ★★★ □□ 事実を歪曲するな。
歪めること

44 □□ 僥倖にめぐりあう。
偶然に得る幸せ

45 □□ 慙愧に堪えない不祥事。
自分のしたことをはずかしく思うこと

46 ★★★ □□ 齟齬が生じた。
物事や意見が食い違うこと

47 ★★★ □□ 政情は混沌として見通しが立たない。
入りまじりはっきりしていない様子・カオス

48 ★☆☆ □□ 両者が相克する。
互いに争うこと

49 ★★☆ □□ 推敲を重ねた文章。
詩や文章を何度も練り直すこと

50 ★★☆ □□ 殺戮の限りを尽くす。
むごく殺すこと

65 ★★☆ □□ 自らの体験を綴る。
文章を作る

66 ★★☆ □□ 涙が溢れる。
いっぱいになってこぼれ出る

67 ★★★ □□ 意見が一つに収斂される。
まとまること

68 ★☆☆ □□ 隠遁生活をする。
ひっそりと隠れ暮らすこと

69 ★★★ □□ リアリズムの精緻な人間描写。
きわめてくわしく細かいさま

70 □□ 伊《い》豆《ず》に逗留する。
しばらく宿泊すること

71 ★★★ □□ 党内の軋轢が深刻となる。
お互いの仲が悪くなること

72 □□ 恍惚状態になる。
うっとりするさま

73 ★★★ □□ 稀有な才能を生かす。
めったにないこと

74 ★★★ □□ 議論の主旨を敷衍して説明する。
わかりやすく説明すること

75 ★★☆ □□ 記憶が甦る。
以前の状態を取り戻す

解答

1 あっせん
2 へんりん
3 くま(なく)
4 かし
5 けいがん
6 だいごみ
7 まれ
8 けいじじょう
9 あんど
10 ばってき
11 あいろ
12 へんさん
13 こうかつ
14 さまつ
15 しっぺい
16 むく
17 ゆが(む)
18 れんびん
19 えんこん
20 ほおづえ
21 ちゅうみつ
22 けんらん
23 ぜいじゃく
24 しゅうえん
25 せんべつ
26 おしゃれ
27 ふうび
28 いと(わ)
29 ちんじ
30 いつわ
31 きょうそう
32 しゅうしゅう
33 おういつ
34 こんすい
35 けんじ
36 こつぜん
37 でんぱ
38 かいさい
39 けんそ
40 けいもう
41 にじ(む)
42 きつりつ
43 わいきょく
44 ぎょうこう
45 ざんき
46 そご
47 こんとん
48 そうこく
49 すいこう
50 さつりく
51 せいひつ
52 ひょうぼう
53 たてつぼ
54 うかい
55 きゃしゃ
56 へいそく
57 そんしょく
58 しつよう
59 つめあと
60 かいり
61 うらや(む)
62 けんそう
63 きょうじゅ
64 せつな
65 つづ(る)
66 あふ(れる)
67 しゅうれん
68 いんとん
69 せいち
70 とうりゅう
71 あつれき
72 こうこつ
73 けう
74 ふえん
75 よみがえ(る)

発展

35 読み方③

目標点 60/75

目標時間 20分

解答欄 別冊35ページ

★☆☆ 1 不意の事に狼狽した。 あわてふためくこと

★★★ 2 経営が破綻した金融機関。 物事が成り立たなくなること

★★★ 3 古人の足跡を辿る。 たずねながら行く

4 毅然とした態度。 意志が強くしっかりしているさま

★★★ 5 両者の実力は拮抗している。 互いにはり合って優劣のないこと

6 事件の顛末を語る。 初めから終わりまでのなりゆき

★☆☆ 7 物思いに耽る。 集中する・没頭する

★★☆ 8 常套的な表現。 ありふれているさま

★★☆ 9 骨董品を集める。 古美術品

★★☆ 10 暖簾を分けて出店させた。 ＊長年勤めた店員に同じ屋号で独立した店を出させる

11 フランス文学の系譜。 関係ある事物のつながり

★★☆ 12 世事に疎い。 事情に通じていない

★★☆ 13 無用の饒舌はやめよう。 おしゃべり

★★☆ 14 自然淘汰される。 環境に適応するものが残ること

★☆☆ 26 大袈裟な身振り。 実際よりも誇張したさま

★☆☆ 27 脇目も振らずに走る。 よそ見

★★★ 28 前例に倣って進める。 まねる

★★★ 29 相手の顔色を窺う。 気づかれないように様子を見る

30 生き甲斐とは何か。 ＊生きていくはり合い

★☆☆ 31 明晰な頭脳。 筋道が通っているさま

32 直截簡明な意見。 きっぱりしていること

33 恰幅のよい男性。 ＊体つきのどっしりしたさま

★★☆ 34 その学説に反駁を試みた。 他人の意見や攻撃に対し、論じ返すこと

35 豪奢な生活。 非常にぜいたくで、派手なさま

★☆☆ 36 権利を剥奪された。 資格などを無理に取り上げること

★★★ 37 悪徳業者と対峙する。 対立するものがにらみ合って動かないこと

★★★ 38 恋愛小説を耽読する。 夢中で読みふけること

★☆☆ 39 倦怠期に陥る。 互いに飽きていやになる時期

★☆☆ 51 婉曲な表現。 遠まわしに表すこと

★★☆ 52 敬虔な信者。 深く敬いつつしむこと

★☆☆ 53 忌憚なき意見をお願いします。 遠慮すること

54 叱咤激励される。 ＊しかりはげますこと

★★☆ 55 この界隈によく出没する。 その辺りの地域

56 一冊の本との邂逅。 めぐりあうこと

57 心から懺悔する。 罪悪を悔いあらため、神仏や人に告白すること

★★☆ 58 町の様子を俯瞰する。 高いところから広く見渡すこと

★★☆ 59 寂寥感の漂う詩。 ものさびしいさま

60 窮鼠猫をかむ。 追いつめられたねずみ

61 未来永劫の愛を誓う。 非常に長い年月

★☆☆ 62 忽ち売り切れた。 急に・またたく間に

63 顔面が蒼白になった。 血の気が引いて青白く見えること

64 瞑想によって悟る。 目を閉じて静かに考えること

読み方

15 彼は吝嗇な男だ。 けち

★★★ 16 ライバル企業を市場から駆逐する。 追い払うこと

★☆☆ 17 踵を返して家に戻る。 ＊引き返す

18 嘔吐した。 胃の中の食物や胃液を吐くこと

19 何事か呟いた。 小声でぶつぶつ言う

★★☆ 20 少しの誤謬も許されない。 まちがい・あやまり

21 健啖家の友人。 食欲が盛んなさま

22 渾身の力を注ぐ。 体中・全身

★☆☆ 23 世間に吹聴する。 言いふらすこと

★★☆ 24 夥しい数のイナゴの大群。 非常に多い

★★★ 25 友を裏切る気持ちなど微塵もない。 ごくわずかな程度

40 往来を闊歩する。 堂々と歩くこと

★★☆ 41 猜疑心の強い人。 人を素直に信用しない心

42 敵愾心をあらわにする。 相手と戦おうとする心

★★☆ 43 一瞬、躊躇した。 ためらうこと

★★☆ 44 木陰に佇む。 じっと立っている

★★☆ 45 流暢に英語を話す。 言葉がすらすらと出てよどみないこと

★★☆ 46 嗅覚の鋭い人。 においに対する感覚

★★☆ 47 まんまと陥穽にはまる。 人を陥れるもくろみ

★★★ 48 日本人の嗜好が変わった。 好み

★★☆ 49 枯れ木も山の賑わい。 ＊つまらないものでも何もないよりはましなことのたとえ

50 詭弁を弄する。 こじつけの論法

65 罹災状況を視察する。 災害に遭うこと

66 悪事が俎上にのぼった。 ＊話題や議論の対象になる

★☆☆ 67 彼は徳川《とくがわ》の末裔だ。 子孫

★★☆ 68 何度も反芻する。 繰り返し味わうこと

★★☆ 69 風雅の精神の萌芽。 物事のきざし・始まり

★☆☆ 70 巷《ちまた》に喧伝される。 さかんに言いはやすこと

★★★ 71 熾烈な争いをつづける。 はげしい様子

★☆☆ 72 良心の呵責に苛《さいな》まれる。 とがめ責めること

73 信憑性が乏しい情報。 信頼できる度合い

74 魂の慟哭が聞こえる。 大声をあげて泣き叫ぶこと

★★★ 75 ベテランの技に翻弄される。 もてあそぶこと

解答

1 ろうばい
2 はたん
3 たど(る)
4 きぜん
5 きっこう
6 てんまつ
7 ふけ(る)
8 じょうとう
9 こっとう
10 のれん
11 けいふ

12 うと(い)
13 じょうぜつ
14 とうた
15 りんしょく
16 くちく
17 きびす〈くびす〉
18 おうと
19 つぶや(いた)
20 ごびゅう
21 けんたん
22 こんしん

23 ふいちょう
24 おびただ(しい)
25 みじん
26 おおげさ
27 わきめ
28 なら(って)
29 うかが(う)
30 (生き)がい
31 めいせき
32 ちょくせつ
33 かっぷく

34 はんばく
35 ごうしゃ
36 はくだつ
37 たいじ
38 たんどく
39 けんたいき
40 かっぽ
41 さいぎしん
42 てきがいしん
43 ちゅうちょ
44 たたず(む)

45 りゅうちょう
46 きゅうかく
47 かんせい
48 しこう
49 にぎ(わい)
50 きべん
51 えんきょく
52 けいけん
53 きたん
54 しった
55 かいわい

56 かいこう
57 ざんげ
58 ふかん
59 せきりょう
60 きゅうそ
61 えいごう
62 たちま(ち)
63 そうはく
64 めいそう
65 りさい
66 そじょう

67 まつえい
68 はんすう
69 ほうが
70 けんでん
71 しれつ
72 かしゃく
73 しんぴょうせい
74 どうこく
75 ほんろう

発展

36

書き取り①

書き取り

目標点 40/50

目標時間 20分

解答欄 別冊36ページ

★☆☆ 1 **アイトウ**の意を表します。（人の死を悲しみいたむこと）

2 成功した**アカツキ**には食事にご招待します。（ある事が成就したそのとき）

★☆☆ 3 その商品は大切に取り**アツカ**ってください。（使用する）

4 この家は老朽化のため**アマモリ**がひどい状況だ。（あま水が天井などからもれること）

5 **イガタ**にはめたような指導方法に疑問を抱く。（＊性格や行動をある一定どおりに作る）

★★★ 6 成功の可能性を**シサ**する。（ヒントを与えて、それとなく教えること）

★☆☆ 7 彼の無責任さには、**イキドオ**りを覚える。（いかること）

★★☆ 8 衣装を**イクエ**にもかさねる。（たくさんかさなっていること）

9 食パンを**イッキン**買って帰る。（パンの単位）

★☆☆ 10 タンカーが**イッセキ**、寄港している。（船の単位）

★★★ 11 原則を**イツダツ**した行為。（それること）

12 **イッパン**的には非常識と見なされる行為だ。（広く認められ行き渡っていること）

13 実った**イナホ**が黄金色にかがやく。（いねのほ）

★☆☆ 14 その詩の面白さは**イン**の踏み方にある。（詩文で一定の場所に同一の音を繰り返すこと）

★☆☆ 26 数学の中では**カイセキ**が苦手だ。（微分・積分を基礎とする数学の総称）

★☆☆ 27 俳優の**カガヤ**かしいオーラに圧倒される。（まぶしいほど光ること）

★★★ 28 その質問は、**カクシン**を鋭く突いている。（物事の要となる大事なこと）

★★☆ 29 政争の**カチュウ**に巻き込まれる。（もめごとや混乱のただなか）

30 子供達の日焼けした**カッショク**の肌が微笑《ほほえ》ましい。（黒みをおびた茶いろ）

★☆☆ 31 社員の**カドウ**日数を把握する。（かせぎはたらくこと）

★☆☆ 32 お見舞いでいただいたバラを**カビン**に挿す。（植物をいける器）

33 友人と**カンコク**へ旅行するのが楽しみだ。（朝鮮半島の南部に位置するくに）

★★☆ 34 なにとぞ**カンダイ**なご処置をお願いします。（心が広くおおきいさま）

35 体調不良の際、桃の**カンヅメ**をいただいた。（食品を加工してブリキやアルミ製の容器につめたもの）

36 チーム全員で優勝の**カンパイ**をする。（祝いの気持ちを込めてさかずきをあげ、酒を飲み干すこと）

★★☆ 37 『赤毛のアン』に**カンメイ**を受け、カナダを訪れる。（忘れられないほど心に深く感じること）

★★☆ 38 **カンリョウ**の天下り。（上級の役人）

★★★ 39 その国は**キガ**状態が続くという深刻な問題を抱えている。（食べ物が欠乏し、うえること）

□15 空一面**ウスグモ**りで今にも雪が降りそうだ。
うすいくもがかかっている天気

★☆☆□16 **ウルシ**塗りの体験をした。
ウルシ科の落葉高木の樹液からとれる塗料

★☆☆□17 **エキビョウ**を平癒するため祈りが捧《ささ》げられた。
流行するやまい

□18 フランス革命で処刑された**オウヒ**の小説。
国おうの妻

★★☆□19 彼の**オウヘイ**な対応に、驚き呆《あき》れる。
偉そうな態度・無礼なさま

★★☆□20 義理と人情のジレンマに**オチイ**る。
よくない状態になる

★★☆□21 そのサイトは犯罪の**オンショウ**となっている。
よくない物事が発生しやすい場所・環境

□22 麦の**カ**り入れの時期には沢山の人手が必要になる。
＊実った穀物を収穫すること

□23 浜辺でたくさんの**カイガラ**を見つけた。
かいの外側のから

□24 鳴門《なると》**カイキョウ**を渡り、四国に到着した。
陸地にはさまれた狭いうみ

★★☆□25 **カイコン**の情に駆られ、涙がこぼれる。
あやまちをくやむこと

★☆☆□40 会場には**キッポウ**を待ち望む人達が集まる。
よい知らせ

★★★□41 彼らしい**ガンチク**のある言葉だ。
深い意味をふくみ、味わいのあること

★☆☆□42 母は感情の**キフク**が激しい。
盛んになったり衰えたりして変化のあること

★★☆□43 不正を**キュウダン**する。
厳しく問いただして非難すること

★☆☆□44 部員全員が**キンシン**のため自宅に待機している。
罰として行動をつつしむこと

★★☆□45 その歌は心の**キンセン**に触れた。
人間の心の奥にある微妙な心情

★☆☆□46 現場の**キンパク**した雰囲気がよく伝わるニュース。
油断のできない状態のこと

★☆☆□47 岩盤を**クダ**くためダイナマイトを仕掛ける。
固まっているものに力を加えてこなごなにする

★★☆□48 金銭に**ケッペキ**な人だ。
少しの悪いことでもひどく嫌うこと

□49 彼女は**クチビル**を噛《か》んで、くやしそうに去った。
口の上下のやわらかい部分

□50 初夏になり、**クワバタケ**で葉の収穫を行う。
くわを植え付けたはたけ

解答

1 哀悼
2 暁
3 扱(って)
4 雨漏(り)
5 鋳型
6 示唆
7 憤(り)
8 幾重
9 一斤
10 一隻
11 逸脱
12 一般
13 稲穂
14 韻
15 薄曇(り)
16 漆
17 疫病
18 王妃
19 横柄
20 陥(る)
21 温床
22 刈(り入れ)
23 貝殻
24 海峡
25 悔恨
26 解析
27 輝(かしい)
28 核心
29 渦中
30 褐色
31 稼働
32 花瓶
33 韓国
34 寛大
35 缶詰
36 乾杯
37 感〈肝〉銘
38 官僚
39 飢餓
40 吉報
41 含蓄
42 起伏
43 糾弾
44 謹慎
45 琴線
46 緊迫
47 砕(く)
48 潔癖
49 唇
50 桑畑

発展 37

書き取り②

書き取り

目標点 40/50
目標時間 20分

解答欄 別冊37ページ

□ 1 広島県呉《くれ》市は**グンカン**の博物館があることで名高い。
戦闘用の船

□ 2 日本の**ケイバツ**について論じ合う。
罪を犯した者に加える制裁

★★☆ □ 3 **ムダ**を省いて効率よく仕事を進める。
行ったことに見合うだけの効果のないこと

★☆☆ □ 4 体験記を**ゲンコウ**にまとめ、郵送する。
印刷したり話をしたりするために書いたもの

★★☆ □ 5 部活動に**ケンメイ**に取り組む。
力を尽くすこと

□ 6 気持ちを**コ**めて作った手芸品。
集中する・中に含める

★☆☆ □ 7 **コウガイ**に家を購入した。
都市の周辺の地帯

★☆☆ □ 8 入院の際にかかった医療費が**コウジョ**される。
金銭などを差し引くこと

□ 9 台風の影響で**コウズイ**警報が発令された。
自然災害の影響で河川のみずがあふれること

★☆☆ □ 10 **コウセイ**物質が処方される。
＊ウイルスなどの繁殖を妨げる物質

□ 11 **コウテイ**として君臨したアウグストゥス。
国の君主

★☆☆ □ 12 当てはまる**コウモク**に丸を記しなさい。
内容を小分けにした一つひとつ

★★☆ □ 13 **コウリョウ**とした冬の原野。
あれ果ててもの寂しいさま

★★☆ □ 14 映画の**ザンコク**な場面から目を背ける。
無慈悲でむごいこと

★☆☆ □ 26 申しこみの**シ**めきりを過ぎてしまった。
＊取り扱いなどの期日

□ 27 **ジゴク**で苦しむ人々を描いた昔の絵巻物。
救われない魂が陥る死後の世界

□ 28 **ジシン**の際は津波にも注意する。
じめんが揺れる自然災害の一つ

★★☆ □ 29 高熱で**シシ**に力が入らない。
両手と両足

★☆☆ □ 30 苔《こけ》は**インシツ**な場所にはえる。
暗くてじめじめしている様子

□ 31 **シバフ**の上を素足で走る。
しばを一面に植えたところ

★★★ □ 32 少子化の傾向が**ケンチョ**である。
いちじるしいさま

★☆☆ □ 33 優秀な人材を**ハイシュツ**する。
すぐれた人物が次々と世にでること

★☆☆ □ 34 **シュギョク**の短編小説。
美しいもの・すばらしいもの

□ 35 **シュクエン**の席で挨拶する。
めでたいことをいわう会

★★★ □ 36 **ジュンカン**器の検査のため、入院した。
めぐりまわること

★★★ □ 37 早急に条約を**ヒジュン**する必要がある。
外国と結ぶ条約を国が確認し、認める手続き

★★★ □ 38 彼は**ショウガイ**独身を貫いた。
いきている間

□ 39 父は私と**ショウギ**を指すのを楽しみにしている。
交互に駒を動かし勝敗を決めるゲーム

★★☆
15 彼女はクラスの代表になるのを**コバ**んだ。
断る

16 **コフン**時代の地層から発掘された土器。
＊日本の三〜七世紀の時代

17 先生には**コロ**合いを見計らって相談しようと思う。
＊適当な時期

18 **コンイロ**のスーツを新調する。
紫がかった青

19 出汁《だし》は**コンブ**が最も好ましい。
コンブ科の海藻

20 **サイキン**による感染を予防する。
単さい胞微生物の一つ

21 歴史小説の**サイコウホウ**といわれる作品。
一番すぐれたもの・人など

22 モロッコの**サキュウ**を訪れる。
すなのおか

★☆☆
23 お寺で**ザゼン**の修行体験をする。
両足を組んですわり、精神を集中させる修行法

★☆☆
24 先生に自分の欠点を**サト**された。
言いきかすこと

25 **サンガク**地帯を歩く。
険しいやま

40 **ジョウザイ**の正しい飲み方を教えてもらう。
薬を飲みやすく固めたもの

★☆☆
41 **ショウシン**試験を受ける。
地位が上がること

★★★
42 **ショウゾウ**画のモデルになる。
人の顔や姿を絵・彫刻などにうつしたもの

★★☆
43 **ジョウダン**のつもりが、相手に通じなかった。
ふざけて言う話

★☆☆
44 見たことをありのままに**ジョジュツ**する。
順序だててのべること

★☆☆
45 **ショミン**的な家庭料理を作る。
一般の人々

46 仏壇に**シラギク**の花を供える。
しろいきくの花

★☆☆
47 **シンケン**な顔つきで教えを学ぶ。
本気で物事に取り組むさま

48 **シンシ**的な対応に非常に好感を持つ。
礼儀正しい男性

49 **シンロウ**の友人としてスピーチする。
結婚する男性

★★☆
50 この研究は腰を**ス**えて取り組みたい。
置く・落ち着く

解答

1 軍艦
2 刑罰
3 無駄
4 原稿
5 懸命
6 込(めて)
7 郊外
8 控除
9 洪水

10 抗生
11 皇帝
12 項目
13 荒涼
14 残酷
15 拒(んだ)
16 古墳
17 頃(合い)
18 紺色

19 昆布
20 細菌
21 最高峰
22 砂丘
23 座禅
24 諭(された)
25 山岳
26 締(めきり)
27 地獄

28 地震
29 四肢
30 陰湿
31 芝生
32 顕著
33 輩出
34 珠玉
35 祝宴
36 循環

37 批准
38 生涯
39 将棋
40 錠剤
41 昇進
42 肖像
43 冗談
44 叙述
45 庶民

46 白菊
47 真剣
48 紳士
49 新郎
50 据(えて)

発展 38

書き取り③

1 ★☆☆ 秋の空が気持ちよく**ス**み渡っている。（濁りがなくすき通っている）

2 ★★☆ 大学の**スイセン**入試に合格した。（他人にすすめること）

3 遠足には**スイトウ**を忘れないようにしなさい。（飲み物を入れて持ち歩く容器）

4 ★☆☆ **スイミン**不足のため、足下が覚束《おぼつか》無い。（ねむること）

5 **スギ**の花粉のアレルギーがあるため、この時期は辛《つら》い。（日本特さんの常緑高木）

6 否定的に言われては、私の立つ**セ**がない。（＊置かれている立場）

7 **セイカ**工場を見学し、ビスケットを味見する。（間食用の食品をつくること）

8 ★☆☆ お父様のご**セイキョ**にお悔やみを申し上げる。（亡くなること）

9 ★★☆ 運動会で選手**センセイ**をする。（大勢の前でちかいの言葉を述べること）

10 俳優の**セキララ**な告白が週刊誌に掲載される。（包み隠しのないさま）

11 ★★★ 迷い込んだ路地裏で、仲間に**ソウグウ**した。（思いがけずにでくわすこと）

12 ★★☆ **ソウゴン**な教会の式典に立ち尽くす。（おごそかで立派なこと）

13 ★★★ レベルが高くて自信を**ソウシツ**した。（なくすこと）

14 ★☆☆ 一つの事件がやがて大きな**ソウドウ**へと発展する。（大勢がさわぎたてること）

---

26 ★★☆ **チュウスウ**神経に徐々に効き目がでてくる。（一番大事な部分）

27 ★☆☆ **チュウトン**部隊の宿舎に案内される。（軍隊がある土地にとどまること）

28 ★☆☆ **チョウエツ**した身体能力で他を圧倒する。（程度や基準をはるかにこえること）

29 ★☆☆ 何度失敗しても**チョウセン**し続ける。（たたかいをいどむこと）

30 ★☆☆ 経理の**チョウボ**を提出する。（事務上の必要事項を記入する書類）

31 ★☆☆ 綿花から糸を**ツム**ぐ。（綿などから繊維を引き出し、よりをかけて糸にする）

32 ★☆☆ 敵陣営を**テイサツ**しに行く。（敵の様子などをひそかに探ること）

33 記事について**テイセイ**して発表する。（文などの誤りをただしく直すこと）

34 社長の**テイタク**に放し飼いにされている番犬。（広く立派な家）

35 彼女は**テツガク**を専攻している。（事物のあり方などを理性によって究めようとするがくもん）

36 優勝を祝して監督を**ドウ**上げする。（＊祝う意味で、大勢で一人の体を空中に投げ上げること）

37 **トウゲ**の茶屋でしばらく休憩する。（山道を上りつめた場所）

38 ★★★ 彼の**ドウサツ**力には目を見張るものがある。（見抜くこと）

39 昔話に登場する**トウゾク**と村人の話。（どろぼう）

書き取り

目標点 40/50

目標時間 20分

解答欄 別冊38ページ

15 ★☆☆ □□ 多額の現金を**ゾウヨ**する。
金品をおくりあたえること

16 ★★☆ □□ **ソボク**な疑問を持った。
考え方などが単純なさま

17 ★☆☆ □□ **ソリャク**に扱い、器が欠けてしまった。
いいかげんなさま

18 □□ ナイアガラの**タキ**を見物しに行く。
高い崖から流れ落ちる水流

19 ★★★ □□ その考え方はきわめて**ダトウ**である。
ふさわしいこと

20 □□ **タナオロ**しをして在庫管理する。
決算などのために商品の数量などを調査すること

21 □□ 受験を視野に入れて、**ジュク**に通い始める。
勉強などを教える私設学舎

22 ★★☆ □□ 電車の**チエン**により、駅が混雑している。
予定よりもおくれること

23 ★☆☆ □□ 大学では**チクサン**について学ぶ。
牛・羊などを飼い乳製品などを生さん・加工する分野

24 ★★★ □□ **チツジョ**を保つ。
物事の正しい筋道

25 ★★★ □□ 無作為に**チュウシュツ**されたマウス。
多くのものから抜きだすこと

40 ★☆☆ □□ 市役所で戸籍**トウホン**を取得する。
戸籍などの原本の内容を全て写した証明文書

41 □□ この大会は新人の**トウリュウモン**だ。
困難だが、立身出世のためには通らなければならないところ

42 ★☆☆ □□ **トクシュ**な才能ではあるが、役に立たない。
普通と違ってとくべつなさま

43 ★☆☆ □□ **トクメイ**で投書する。
自分のなまえをかくすこと

44 ★☆☆ □□ 壁面の**トソウ**を業者に依頼する。
流動性の物質をぬること

45 ★☆☆ □□ 丁重に死者を**トムラ**った。
めいふくを祈る

46 ★☆☆ □□ 真実を**トラ**えた衝撃的な写真。
対象をつかむ

47 ★☆☆ □□ 拾った猫がようやく**ナツ**いた。
なれて親しくつきまとう

48 □□ ようやく故郷に**ニシキ**を飾ることができた。
名誉な姿を故郷の人に見せる

49 ★☆☆ □□ 漢詩を**ロウエイ**した。
詩歌を調子をつけて歌うこと

50 □□ **ヌマチ**では足下に注意すること。
泥深い場所

解答

1 澄(み)
2 推薦
3 水筒
4 睡眠
5 杉
6 瀬
7 製菓
8 逝去
9 宣誓
10 赤裸裸
11 遭遇
12 荘厳
13 喪失
14 騒動
15 贈与
16 素朴
17 粗略
18 滝
19 妥当
20 棚卸(し)
21 塾
22 遅延
23 畜産
24 秩序
25 抽出
26 中枢
27 駐屯
28 超越
29 挑戦
30 帳簿
31 紡(ぐ)
32 偵察
33 訂正
34 邸宅
35 哲学
36 胴(上げ)
37 峠
38 洞察
39 盗賊
40 謄本
41 登竜門
42 特殊
43 匿名
44 塗装
45 弔(った)
46 捉(えた)
47 懐(いた)
48 錦
49 朗詠
50 沼地

発展

39 書き取り④

書き取り

目標点 40/50

目標時間 20分

解答欄 別冊39ページ

1 スポーツ選手は**ネンポウ**制で支給される。（一ねんを単位としてもらう給料）

2 息子は**ネンレイ**制限のため、乗車できなかった。（生まれてから経たねん数）

★☆☆ 3 突然の雪に見まわれ、**ノキシタ**に避難する。（屋根の張り出た部分のした）

4 切手を**ハ**って、ポストに投函《とうかん》した。（のりなどで離れないようにつける）

★★★ 5 損害**バイショウ**を請求する。（与えた損害をつぐなうこと）

★★☆ 6 **バイシンイン**として裁判に参加する。（アメリカなどで裁判のしんりに参加する民間人）

7 明治になって**ハイハン**置県の改革が行われた。（＊全国に府や県を置いた明治政府の政策）

8 納豆などの**ハッコウ**食品を好んで食す。（細菌などの作用で有機化合物が分解する現象）

9 **ハナムコ**の衣装に着替えて、チャペルへ急ぐ。（結婚する男性）

10 入り口の**バントウ**さんに案内を頼む。（旅館などの従業員のかしら）

★☆☆ 11 庭の草木が**ハンモ**し、視界を遮る。（草木が生いしげること）

★☆☆ 12 暑さ寒さも**ヒガン**まで。（春分・秋分の日の前後）

13 既往歴などは**ビコウラン**に記入してください。（参考のためにそえる書き込み部分）

14 **ノウカン**して別れを告げる。（遺体をひつぎにおさめること）

★☆☆ 26 **ホウテイ**では被告人がじっと傍聴席を見ていた。（裁判官が審理・裁判をするところ）

27 書道の授業で半紙と**ボクジュウ**を用意した。（すみをすった液）

28 数か月ぶりに**ホゲイ**船が港に戻ってきた。（くじらをとること）

★☆☆ 29 ボランティアを数名**ボシュウ**している。（一般からつのってあつめること）

★☆☆ 30 庭に見事な**ボンサイ**が並ぶ。（手を加えて育てた観賞用の草木）

31 ようやく**マクラ**を高くして眠ることができた。（＊安心して眠ること）

★★☆ 32 **マサツ**熱が発生する。（すれ合うこと）

33 灯台のある**ミサキ**まで散歩する。（陸地が海につきでているところ）

34 あの一件以来、友人との**ミゾ**が深まる。（感情的なへだたり）

★★☆ 35 非常に**メイリョウ**な論理で一同納得した。（はっきりしてあきらかであること）

★☆☆ 36 他人の意見に**モウジュウ**する。（人から言われるままにしたがうこと）

★★★ 37 絵画の勉強は**モホウ**から始まる。（まねること）

38 夜間は**モンピ**を施錠する。（もんのとびら）

★★★ 39 **ヤッカイ**なことに巻き込まれた。（わずらわしいこと）

- □ 15 高貴なヒメギミ《身分の高い人の娘》として大切に育てられる。
- ★★★ □ 16 襲名ヒロウ《広く発表すること》の華は口上にある。
- ★★★ □ 17 ヒンパン《たびたび行われたり、起こったりすること》に連絡を取り合う。
- ★☆☆ □ 18 遠くからフウリン《釣り鐘形のすずで、かぜが吹くと涼しげに鳴る》の音が聞こえる。
- ★☆☆ □ 19 ブヨウ《おどり》家の先生に師事して、レッスンを受ける。
- ★☆☆ □ 20 不満がフンシュツ《勢いよくふきだすこと》する。
- □ 21 オリンピックのホウガン《競技で用いる金属製の玉》投げで金メダルをとる。
- ★☆☆ □ 22 玄関のホウコウ《よいかおり》剤はラベンダーのかおりだ。
- ★☆☆ □ 23 政治にはホウシ《国・社会・人などのために力を尽くすこと》の精神が肝要である。
- ★☆☆ □ 24 風でボウシ《頭にかぶる装身具》が飛んでしまった。
- □ 25 髪型をボウズ《髪を短くした頭》にする。

- ★☆☆ □ 40 その侵攻は非常にヤバン《乱暴で無作法なさま》な行為と非難された。
- ★★★ □ 41 大地の恵みをキョウジュ《うけ入れて自分のものにすること》する。
- ★★☆ □ 42 友人とユカイ《楽しくこころよいこと》に時を過ごす。
- □ 43 立ち仕事ばかりでヨウツウ《こしに感じるいたみ》に悩まされる。
- □ 44 実習ではヨウトンジョウ《ぶたを飼い、育てるところ》でぶたの世話を担当した。
- □ 45 妹に頼んでヨクソウ《湯船》にお湯をためてもらう。
- ★☆☆ □ 46 高校時代はリョウ《寄宿舎》生活を送った。
- ★★★ □ 47 フルートの音色が聴衆をミリョウ《人の心を引き付けて夢中にさせること》する。
- ★☆☆ □ 48 先輩にレンボ《こいしたうこと》の情を抱く。
- ★★★ □ 49 弱点をロテイ《あらわになること》する。
- □ 50 妻の誕生日にニュウセキ《ある者がある戸せきにはいること・またはいれること》した。

解答

1 年俸
2 年齢
3 軒下
4 貼〈張〉（って）
5 賠償
6 陪審員
7 廃藩
8 発酵
9 花婿
10 番頭
11 繁茂
12 彼岸
13 備考欄
14 納棺
15 姫君
16 披露
17 頻繁
18 風鈴
19 舞踊
20 噴出
21 砲丸
22 芳香
23 奉仕
24 帽子
25 坊主
26 法廷
27 墨汁
28 捕鯨
29 募集
30 盆栽
31 枕
32 摩擦
33 岬
34 溝
35 明瞭
36 盲従
37 模倣
38 門扉
39 厄介
40 野蛮
41 享受
42 愉快
43 腰痛
44 養豚場
45 浴槽
46 寮
47 魅了
48 恋慕
49 露呈
50 入籍

古典に出る語句

読み方

目標点 35/50
目標時間 20分

解答欄 別冊40ページ

◆①から⑫の旧暦月の異名の読み方を現代仮名遣いで記しなさい。

□□ ① 睦月（一月）
★★☆ □□ ② 如月（二月）
□□ ③ 弥生（三月）
★☆☆ □□ ④ 卯月（四月）
★☆☆ □□ ⑤ 皐月（五月）
★☆☆ □□ ⑥ 水無月（六月）
□□ ⑦ 文月（七月）
□□ ⑧ 葉月（八月）
★☆☆ □□ ⑨ 長月（九月）
★☆☆ □□ ⑩ 神無月（十月）
□□ ⑪ 霜月（十一月）
□□ ⑫ 師走（十二月）

◆⑬から㉔の方位の読み方を現代仮名遣いで記しなさい。

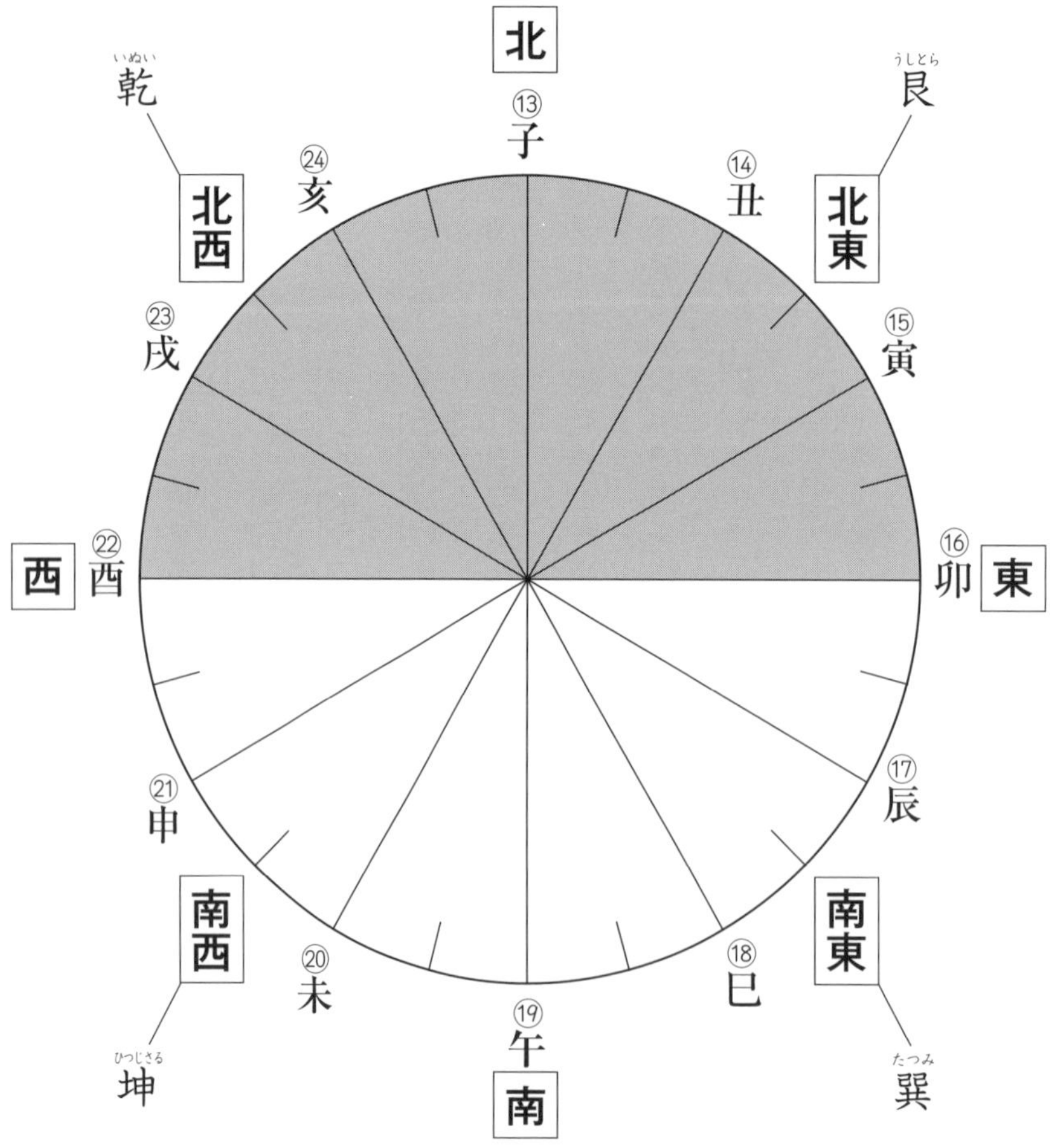

◆㉕から㊿の――の読み方を現代仮名遣いで記しなさい。

★☆☆ □□ ㉕ 近き透垣のもとに…
板や竹などで作った垣

★★★ □□ ㉖ 宿直にさぶらふ人…
夜間、宮中や役所に泊まり警備すること

★★☆ □□ ㉗ 博士の才あるは…
学問、特に漢学

□□ ㉘ この男、垣間見てけり。
ちらっと見る

□□ ㉙ 公達に狐《きつね》化けたり…
親王や貴族の敬称

★☆☆ □□ ㉚ 弘徽殿《こきでん》女御…
天皇の後宮に入った高位の女官

★☆☆ □□ ㉛ なにがし僧都の…
僧の階級の一つ

★★☆ □□ ㉜ 蔵人頭になりたまへる。
平安時代の役所の職員

★★★ □□ ㉝ 直衣姿いとあざやかなり。
貴族の平常服

★★☆ □□ ㉞ 随身なきはいとしらじらしく…
貴人の護衛にあたった武官

★★☆ □□ ㉟ 少納言の乳母とぞ人言ふめるは…
幼い主君を養い育てる人

★★☆ □□ ㊱ 殿上人、おしなべて武を…
宮中内部に入ることを許された人

□□ ㊲ 女別当、内侍などいふ…
女官の名称

★☆☆ □□ ㊳ 局など近く給《たま》ひて…
宮中や貴人の家に仕える女性の個室

★★☆ □□ ㊴ 赤地錦の直垂に…
昔の衣服の一種

★★☆ □□ ㊵ 上達部どもなども…
朝廷に仕えた高官

★★☆ □□ ㊶ 内裏へ入らせ給ふに…
天皇の住む御殿を中心とする建物

□□ ㊷ 土御門に行き着きぬる…
平安京にあった門、または通り

★☆☆ □□ ㊸ 六条《ろくじょうの》御息所の…
天皇の寝所に仕えた官女

□□ ㊹ 大宰権帥になし奉りて…
大宰府の次官

★☆☆ □□ ㊺ 指貫を着けて…
すそひものついたはかま

★★★ □□ ㊻ 前栽の花、咲き乱る。
草木を植えた庭

★☆☆ □□ ㊼ 烏帽子ばかりおし入れて…
成人した男性のかぶり物の一種

★★☆ □□ ㊽ 几帳の朽ち木形、いと…
昔、室内のしきりに使った家具

★★★ □□ ㊾ 御簾を高く上げたれば…
宮殿・神殿などで使うすだれ

□□ ㊿ 半蔀四五間ばかり上げて…
戸の一種

山折り

解答

① むつき
② きさらぎ
③ やよい
④ うづき
⑤ さつき
⑥ みなづき
⑦ ふみづき〈ふづき〉
⑧ はづき
⑨ ながつき
⑩ かんなづき〈かみなづき〉
⑪ しもつき
⑫ しわす〈しはす〉
⑬ ね
⑭ うし
⑮ とら
⑯ う
⑰ たつ
⑱ み
⑲ うま
⑳ ひつじ
㉑ さる
㉒ とり
㉓ いぬ
㉔ い
㉕ すいがい〈すいがき〉
㉖ とのい
㉗ ざえ
㉘ かいまみ(て)
㉙ きんだち
㉚ にょうご
㉛ そうず
㉜ くろうどのとう
㉝ のうし
㉞ ずいじん
㉟ めのと
㊱ てんじょうびと
㊲ ないし
㊳ つぼね
㊴ ひたたれ
㊵ かんだちめ〈かんだちべ〉
㊶ だいり
㊷ つちみかど
㊸ みやすんどころ〈みやすどころ〉
㊹ だざいのごんのそち〈だざいのごんのそつ〉
㊺ さしぬき
㊻ せんざい〈せざい〉
㊼ えぼし
㊽ きちょう
㊾ みす
㊿ はじとみ

発展
41
旧国名・地名

◆①から(87)の旧国名・地名の読み方を現代仮名遣いで記しなさい。

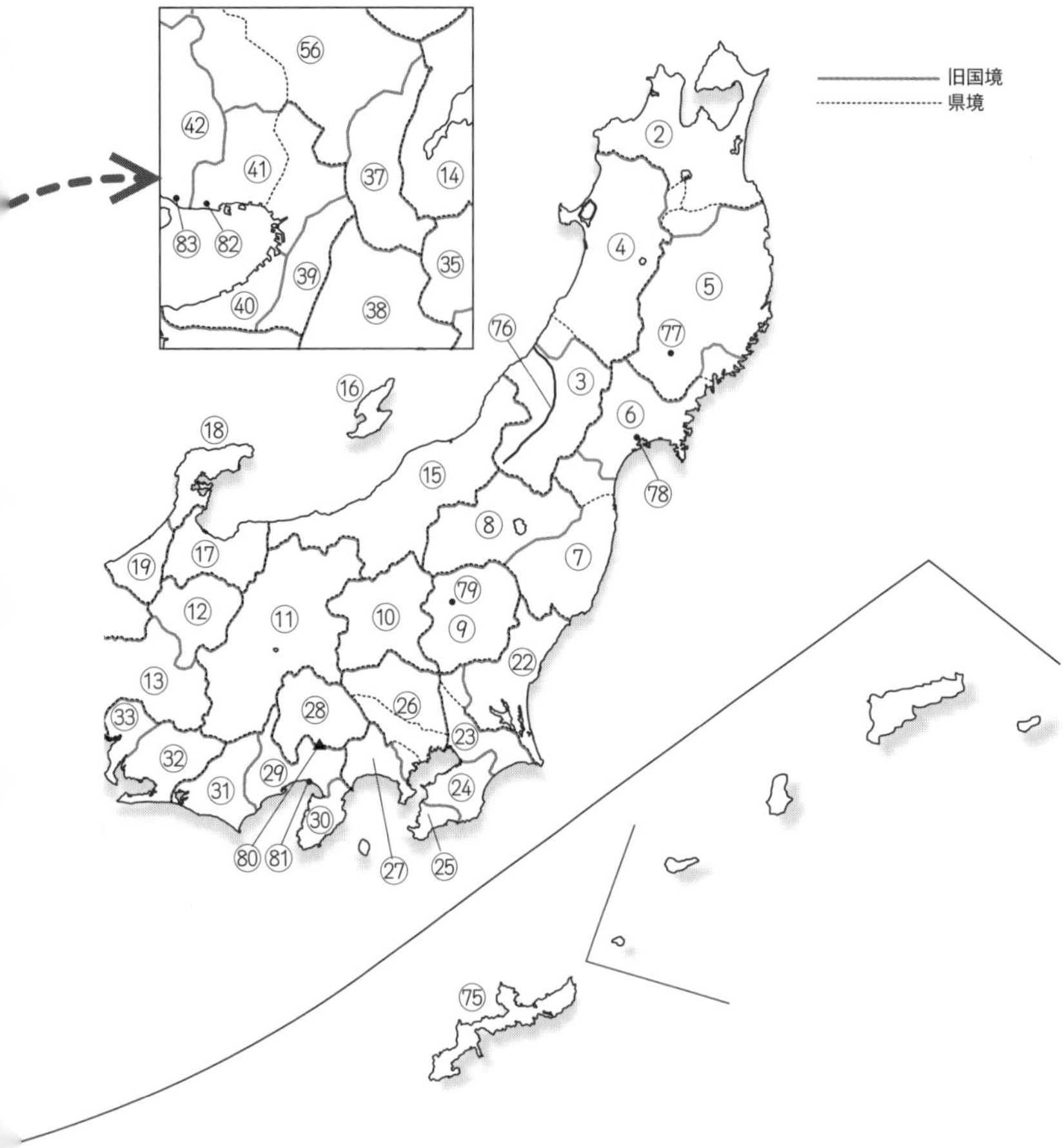

① 蝦夷（　　　）北海道

東山道《とうさんどう》（②～⑭）

② 陸奥（　　　）青森・岩手
③ 羽前（　　　）山形
④ 羽後（　　　）秋田・山形
⑤ 陸中（　　　）岩手・秋田
⑥ 陸前（　　　）宮城・岩手
⑦ 磐城（　　　）福島・宮城
⑧ 岩代（　　　）福島
⑨ 下野（　　　）栃木
⑩ 上野（　　　）群馬
⑪ 信濃（　　　）長野
⑫ 飛驒（　　　）岐阜
⑬ 美濃（　　　）岐阜
⑭ 近江（　　　）滋賀

北陸道《ほくりくどう》（⑮～㉑）

⑮ 越後（　　　）新潟
⑯ 佐渡（　　　）新潟
⑰ 越中（　　　）富山
⑱ 能登（　　　）石川
⑲ 加賀（　　　）石川
⑳ 越前（　　　）福井
㉑ 若狭（　　　）福井

東海道《とうかいどう》（㉒～㊱）

㉒ 常陸（　　　）茨城
㉓ 下総（　　　）千葉・茨城
㉔ 上総（　　　）千葉
㉕ 安房（　　　）千葉
㉖ 武蔵（　　　）東京・神奈川・埼玉
㉗ 相模（　　　）神奈川
㉘ 甲斐（　　　）山梨
㉙ 駿河（　　　）静岡
㉚ 伊豆（　　　）静岡
㉛ 遠江（　　　）静岡
㉜ 三河（　　　）愛知
㉝ 尾張（　　　）愛知
㉞ 伊勢（　　　）三重
㉟ 伊賀（　　　）三重
㊱ 志摩（　　　）三重

畿内《きない》（㊲～㊶）

㊲ 山城（　　　）京都
㊳ 大和（　　　）奈良
㊴ 河内（　　　）大阪
㊵ 和泉（　　　）大阪
㊶ 摂津（　　　）大阪・兵庫

山陽道《さんようどう》（㊷～㊾）

㊷ 播磨（　　　）兵庫
㊸ 美作（　　　）岡山
㊹ 備前（　　　）岡山
㊺ 備中（　　　）岡山
㊻ 備後（　　　）広島
㊼ 安芸（　　　）広島
㊽ 周防（　　　）山口
㊾ 長門（　　　）山口

南海道《なんかいどう》（㊿～(55)）

㊿ 紀伊（　　　）和歌山・三重
(51) 淡路（　　　）兵庫
(52) 阿波（　　　）徳島
(53) 讃岐（　　　）香川

読み方

目標点 60/87

目標時間 20分

解答欄 別冊41ページ

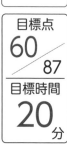

解答

①えぞ ②むつ ③うぜん ④うご ⑤りくちゅう ⑥りくぜん ⑦いわき ⑧いわしろ ⑨しもつけ ⑩こうずけ ⑪しなの ⑫ひだ ⑬みの

⑭おうみ ⑮えちご ⑯さど ⑰えっちゅう ⑱のと ⑲かが ⑳えちぜん ㉑わかさ ㉒ひたち ㉓しもうさ ㉔かずさ ㉕あわ ㉖むさし

㉗さがみ ㉘かい ㉙するが ㉚いず ㉛とおとうみ ㉜みかわ ㉝おわり ㉞いせ ㉟いが ㊱しま ㊲やましろ ㊳やまと ㊴かわち

㊵いずみ ㊶せっつ ㊷はりま ㊸みまさか ㊹びぜん ㊺びっちゅう ㊻びんご ㊼あき ㊽すおう ㊾ながと ㊿きい (51)あわじ (52)あわ

(53)さぬき (54)いよ (55)とさ (56)たんば (57)たんご (58)たじま (59)いなば (60)ほうき (61)いずも (62)いわみ (63)おき (64)ちくぜん (65)ちくご

(66)ぶぜん (67)ぶんご (68)ひぜん (69)ひご (70)ひゅうが (71)さつま (72)おおすみ (73)いき (74)つしま (75)りゅうきゅう (76)もがみがわ (77)ひらいずみ (78)まつしま

(79)にっこう (80)ふじのやま (81)たごのうら (82)すま (83)あかし (84)あまのはしだて (85)いつくしま (86)だんのうら (87)だざいふ

(71) 薩摩(　　)鹿児島
(72) 大隅(　　)鹿児島
(73) 壱岐(　　)長崎
(74) 対馬(　　)長崎

(75) 琉球(　　)沖縄

古典に出る地名((76)〜(87))

(76) 最上川(　　)
(77) 平泉(　　)
(78) 松島(　　)
(79) 日光(　　)
(80) 不尽の山(　　)
(81) 田子ノ浦(　　)
(82) 須磨(　　)
(83) 明石(　　)
(84) 天橋立(　　)
(85) 厳島(　　)
(86) 壇ノ浦(　　)
(87) 大宰府(　　)

(54) 伊予(　　)愛媛
(55) 土佐(　　)高知

山陰道《さんいんどう》((56)〜(63))

(56) 丹波(　　)京都・兵庫
(57) 丹後(　　)京都
(58) 但馬(　　)兵庫
(59) 因幡(　　)鳥取
(60) 伯耆(　　)鳥取
(61) 出雲(　　)島根
(62) 石見(　　)島根
(63) 隠岐(　　)島根

西海道《さいかいどう》((64)〜(74))

(64) 筑前(　　)福岡
(65) 筑後(　　)福岡
(66) 豊前(　　)福岡・大分
(67) 豊後(　　)大分
(68) 肥前(　　)佐賀・長崎
(69) 肥後(　　)熊本
(70) 日向(　　)宮崎

発展
42

漢字検定2級　模擬問題①

合格点 160/200
制限時間 60分
解答96ページ
解答欄 別冊42ページ

㈠ 次の――線の**漢字**の**読み**を**ひらがな**で記せ。　(30) 1×30

1 細かなことに拘泥する。
2 咽頭に痛みを感じる。
3 思わず好餌につられる。
4 両者の戦いが苛烈を極める。
5 金額の多寡は問題にしない。
6 歌舞伎の歴史について調べる。
7 論文の梗概をまとめる。
8 できるだけ表沙汰にはしない。
9 彼女はとても芯が強い人だ。
10 あまりにも凄惨な事件だ。
11 茶を煎じて飲む。
12 ドラマをみて涙腺がゆるむ。
13 今日はとても爽快な気分だ。

㈡ 次の漢字の**部首**を記せ。　(10) 1×10

〈例〉 菜［艹］　間［門］

1 骸
2 顎
3 拳
4 奔
5 斬
6 且
7 旦
8 眉
9 辣
10 爵

㈢ **熟語の構成**のしかたには次のようなものがある。　(20) 2×10

ア 同じような意味の漢字を重ねたもの　（**岩石**）

㈣ 次の**四字熟語**について、問1と問2に答えよ。　(30)

問1 次の**四字熟語**の（1〜10）に入る適切な語を下の□の中から選び、**漢字二字**で記せ。　(20) 2×10

ア 泰山（1）
イ 精進（2）
ウ 合従（3）
エ 百八（4）
オ 会者（5）
カ（6）烈日
キ（7）充棟

しゅうそう
ほくと
ふへん
かんぎゅう
じょうり
わちゅう
けっさい
ぼんのう

14 彼は痩身で背が高い。

15 進捗状況を確認する。

16 脊椎のレントゲン写真をとる。

17 身命を賭して家族を守る。

18 彼は狭量な人だ。

19 賄賂を受け取ってはならない。

20 彼女とは姻戚関係にある。

21 友人に宛てて手紙を書く。

22 週に一度長唄を習っている。

23 反旗を翻す。

24 俺といっしょに行こう。

25 亀の飼い方を調べる。

26 喉元にしこりができた。

27 孫の産着を手縫いする。

28 相手を術中に陥れる。

29 花の匂いがただよう。

30 藍染めの方法を学ぶ。

イ 反対または対応の意味を表す字を重ねたもの（**高低**）

ウ 上の字が下の字を修飾しているもの（**洋画**）

エ 下の字が上の字の目的語・補語になっているもの（**着席**）

オ 上の字が下の字の意味を打ち消しているもの（**非常**）

次の熟語は右の**ア**～**オ**のどれにあたるか、**一つ**選び、**記号**で記せ。

1 空隙

2 往還

3 呪術

4 不遜

5 汎用

6 隠蔽

7 忍苦

8 玩弄

9 失踪

10 禍福

ク（ 8 ）協同

ケ（ 9 ）顕正

コ（ 10 ）妥当

はじゃ
れんこう

問2 次の**11**～**15**の**意味**にあてはまるものを**問1**の**ア**～**コの四字熟語**から**一つ**選び、**記号**で記せ。(10) 2×5

11 刑罰や権威などが極めてきびしいたとえ。

12 飲食をつつしみ心身をきよめること。

13 蔵書が非常に多いことのたとえ。

14 学問や芸術など、ある分野の第一人者。

15 その時の利害に応じて、結合の形を変えること。

4 眼科でドウコウを検査する。

5 シットの感情を抑える。

6 ゾウキンで汚れをふき取る。

7 手術でシュヨウを取り除く。

8 血液はジンゾウでろ過される。

9 要人をソゲキから守る。

10 ピアノのケンバンをたたく。

11 蔵でショウチュウを造る。

12 会社の経営がハタンする。

13 アミダナに荷物を置く。

14 シブガキを干して甘くする。

(五) 次の1～5の**対義語**、6～10の**類義語**を後の□の中から選び、**漢字**で記せ。□の中の語は一度だけ使うこと。 (20) 2×10

対義語

1 左遷

2 貫徹

3 催眠

4 枯渇

5 緻密

類義語

6 絶壁

7 捻出

8 法師

9 双璧

10 懐柔

えいてん・かくせい・くめん・ざせつ
そうりょ・そざつ・だんがい
ゆうしゅつ・りょうゆう・ろうらく

(七) 次の各文にまちがって使われている**同じ読みの漢字**が**一字**ある。**上に誤字**を、**下に正しい漢字**を記せ。 (10) 2×5

1 専門家が推承する商品を買ってみたが、機能が複雑でなかなかうまく使いこなせない。

2 不順な天候が長く続いたため、野菜の値段が急到して、とうとう家計を苦しめ始めた。

3 空き巣の犯人がこの辺りに逃走したらしく、大勢の警察が集まり捜索をしている。

4 このところ仕事が忙しかったので、もし席に余猶があればすぐに予約をして旅行に行きたい。

5 大型貨物車が横転したことにより一時的に東西を結ぶ幹線道路が斜断された状態になっている。

(六) 次の――線のカタカナを漢字に直せ。 (20) 2×10

1 与野党の激しいオウシュウ。
2 オウシュウツアーに参加する。

3 雪がユウカイする。
4 ユウカイ事件が起こる。

5 センパクの免許を取る。
6 センパクなふるまいをする。

7 事前にケイコクをする。
8 美しいケイコクの絵画。

9 買ったばかりのブーツをハく。
10 落ち葉をほうきでハく。

(八) 次の――線のカタカナを漢字一字と送りがな（ひらがな）に直せ。 (10) 2×5

〈例〉 問題にコタエル。 答える

1 友人の提案をウトンジル。
2 時代錯誤もハナハダシイ。
3 母が糸をツムグ。
4 政治家の不正をイキドオル。
5 スポーツで体力をツチカウ。

(九) 次の――線のカタカナを漢字に直せ。 (50) 2×25

1 会場にイスを並べる。
2 自分の部屋をセイトンする。
3 大きくヘンボウする町を記録する。

15 屋根のカワラを修理する。
16 兄はいつもオオマタで歩く。
17 ジーンズのスソ上げをする。
18 悪者をコらしめる。
19 判決がクツガエる。
20 道で知り合いとスれ違った。
21 暑さで庭の草花がナえる。
22 何があってもアキラめない。
23 シリをたたいて鼓舞する。
24 友人をソデにする。
25 ツルの一声。

発展 43

漢字検定2級 模擬問題②

合格点 160/200
制限時間 60分

解答98ページ
解答欄 別冊44ページ

(一) 次の——線の**漢字**の**読み**を**ひらがな**で記せ。 (30) 1×30

1 フランス文学に通暁する。
2 今期の赤字を補塡する。
3 相手チームに比肩する持久力。
4 潰瘍の治療薬を開発する。
5 不当な要求を一蹴する。
6 謙遜して口数が少ない。
7 黒い斑点のある犬を飼う。
8 父は広汎な知識をもつ人だ。
9 彼女は才媛の誉れが高い。
10 彼はこの一門の俊傑といわれる。
11 乾麺をゆでる。
12 社会の安寧を祈る。
13 妖艶なほほ笑みを浮かべる。

(二) 次の漢字の**部首**を記せ。 (10) 1×10

〈例〉 菜 〔艹〕 間 〔門〕

1 須
2 串
3 賓
4 弔
5 升
6 喪
7 亜
8 毀
9 酌
10 弊

(三) **熟語の構成**のしかたには次のようなものがある。 (20) 2×10

ア 同じような意味の漢字を重ねたもの （**岩石**）

(四) 次の**四字熟語**について、問1と問2に答えよ。 (30)

問1 次の**四字熟語**の（1～10）に入る適切な語を下の□の中から選び、**漢字二字**で記せ。 (20) 2×10

ア 小心（1）
イ 円転（2）
ウ 綱紀（3）
エ 放歌（4）
オ 白砂（5）
カ（6）自若
キ（7）不抜

しゅくせい
しょう
けんにん
たいぜん
よくよく
きょうさ
せいしょう
かつだつ

14 浄瑠璃の歴史を調べる。
15 人口が漸次増加している。
16 山麓の村に春がおとずれる。
17 比喩を用いた文章を書く。
18 思わず戦慄が走った。
19 雨の日が続き陰鬱な気分だ。
20 犬には帰巣本能がある。
21 ヘビが鎌首をもたげる。
22 彼の力は桁ちがいだ。
23 先生の教えを乞う。
24 庭に柵をめぐらす。
25 ミステリー小説の謎解きをする。
26 食卓に箸をならべる。
27 肩肘をはらずに生きる。
28 みんなで草餅をつくる。
29 丼鉢を落として割ってしまった。
30 人の失敗を嘲るのはよくない。

イ 反対または対応の意味を表す字を重ねたもの（**高低**）
ウ 上の字が下の字を修飾しているもの（**洋画**）
エ 下の字が上の字の目的語・補語になっているもの（**着席**）
オ 上の字が下の字の意味を打ち消しているもの（**非常**）

次の熟語は右の**ア**～**オ**のどれにあたるか、**一つ**選び、**記号**で記せ。

1 畏怖
2 抑揚
3 玩具
4 不屈
5 謹呈
6 享楽
7 旦夕
8 座礁
9 弾劾
10 籠城

ク （ 8 ）扇動
ケ （ 9 ）末節
コ （ 10 ）外患

ないゆう
こうぎん

問2 次の**11**～**15**の**意味**にあてはまるものを**問1**の**ア**～**コ**の**四字熟語**から**一つ**選び、**記号**で記せ。 (10) 2×5

11 他人をそそのかしあおりたてること。
12 じっと我慢して、動じないこと。
13 どっしり構えてものに動じないさま。
14 物事を滞りなく処理していくこと。
15 びくびくしているさま。

(五)

次の**1～5**の**対義語**、**6～10**の**類義語**を後の□の中から選び、**漢字**で記せ。□の中の語は一度だけ使うこと。

(20) 2×10

対義語

1 永遠

2 凡庸

3 軽蔑

4 快諾

5 稚拙

類義語

6 厄介

7 遺恨

8 造詣

9 伯仲

10 紛糾

いだい・おんねん・がくしき
こうみょう・ごかく・こじ・こんらん
せつな・そんけい・めんどう

(七)

次の各文にまちがって使われている**同じ読みの漢字**が**一字**ある。**上に誤字**を、**下に正しい漢字**を記せ。

(10) 2×5

1 世界の平和に多大な効献をした人物を調べ、その業績についての報告書をまとめる。

2 地震の影響で多くの道路が貫没し、交通に大きな支障が出ているため、復旧が急がれる。

3 新たな経済政策により、景気回復の徴候が堅著に現れはじめ、世の中が活気づいてきた。

4 地域経済の促進のため、農作物の収穫量の増加を目標とした土浄の改良を行う。

5 危餓に苦しむ人が多くいるという問題を解決するために、自分たちができることを検討したい。

4 なくした本を**ベンショウ**する。

5 弟はとても**ガンコ**な性格だ。

6 姉は知識欲が**オウセイ**だ。

7 **フロ**に入って温まる。

8 友人と**チョウカ**をきそう。

9 **ホニュウルイ**の研究をする。

10 主人公が何者かに**ラチ**される。

11 足首を**ネンザ**する。

12 ピアノの**ガクフ**を買う。

13 パンに**ハチミツ**をぬる。

14 **ドナベ**でごはんを炊く。

(六) 次の——線のカタカナを漢字に直せ。 (20) 2×10

1 物価が激しくトウキする。
2 ゴミをトウキする。
3 景気をフヨウする。
4 フヨウ控除を受ける。
5 戦争のサンカに目をおおう。
6 大企業のサンカに入る。
7 銀行のユウシを受ける。
8 ユウシ鉄線をはりめぐらす。
9 のどがカワく。
10 洗ったタオルがカワく。

(八) 次の——線のカタカナを漢字一字と送りがな（ひらがな）に直せ。 (10) 2×5

〈例〉問題にコタエル。 答える

1 ふるさとの風景がナツカシイ。
2 メンバーの夕食をマカナウ。
3 ウヤウヤシイ態度を心がける。
4 若者が減り町がスタレル。
5 カーテンで日光をサエギル。

(九) 次の——線のカタカナを漢字に直せ。 (50) 2×25

1 師のクントウを受ける。
2 肩をダッキュウした。
3 体力がショウモウする。

15 雨上がりの空にニジが出る。
16 拍手のアラシが鳴りやまない。
17 父はウデキきの職人だ。
18 遅刻しそうになってアセる。
19 敵にハサまれる。
20 やさしい口調でサトす。
21 犬とタワムれる。
22 タオルで汗をヌグう。
23 人間万事サイオウが馬。
24 はたとヒザを打つ。
25 一寸先はヤミ。

漢字検定2級 模擬問題①（解答と解説）

解答

(一) 読み

1 こうでい
2 いんとう
3 こうじ
4 かれつ
5 たか
6 かぶき
7 こうがい
8 おもてざた
9 しん
10 せいさん
11 せん（じて）
12 るいせん
13 そうかい
14 そうしん
15 しんちょく
16 せきつい
17 と（して）
18 きょうりょう
19 わいろ

(三) 熟語の構成

1	2	3	4	5
ア	イ	ウ	オ	ウ

6	7	8	9	10
ア	エ	ア	エ	イ

(四) 四字熟語

問1

1 （泰山《たいざん》）北斗《ほくと》
2 （精進《しょうじん》）潔斎《けっさい》
3 （合従《がっしょう》）連衡《れんこう》
4 （百八《ひゃくはち》）煩悩《ぼんのう》
5 （会者《えしゃ》）定離《じょうり》
6 秋霜《しゅうそう》（烈日《れつじつ》）
7 汗牛《かんぎゅう》（充棟《じゅうとう》）
8 和衷《わちゅう》（協同《きょうどう》）

(六) 同音・同訓異字

1 応酬《おうしゅう》
2 欧州《おうしゅう》
3 融解《ゆうかい》
4 誘拐《ゆうかい》
5 船舶《せんぱく》
6 浅薄《せんぱく》
7 警告《けいこく》
8 渓谷《けいこく》
9 履《は》（く）
10 掃《は》（く）

(七) 誤字訂正

	誤	正
1	（推）承	（推）奨
2	（急）到	（急）騰
3	操（索）	捜（索）
4	（余）猶	（余）裕
5	斜（断）	遮（断）

(八) 漢字と送りがな

1 疎んじる
2 甚だしい
3 紡ぐ
4 憤る
5 培う

解説

（　）内は解答の補足です。

(一) 読み

1 拘泥＝あることに気持ちがとらわれること。こだわること。
3 好餌＝相手を誘惑するのに都合のいい手段。
4 苛烈＝厳しく激しいさま（こと）。
7 梗概＝あらすじ。大筋。
14 痩身＝やせた体。またはそのような体にすること。
15 進捗＝物事がはかどること。
18 狭量＝人を受け入れる心の狭いこと。

(三) 熟語の構成

1 空隙《くうげき》＝どちらも「すきま」の意。
2 往還《おうかん》＝「行く」↕「帰る」と解釈。
3 呪術《じゅじゅつ》＝「呪いの↓術」と解釈。
6 隠蔽《いんぺい》＝どちらも「かくす」の意。
7 忍苦《にんく》＝「耐える↑苦しみを」と解釈。
9 失踪《しっそう》＝「失う↑ゆくえを」と解釈。

(四) 四字熟語

4 百八煩悩＝人が持ったくさんの迷いのこと。

20 いんせき
21 あ(てて)
22 ながうた
23 ひるがえ(す)
24 おれ
25 かめ
26 のどもと
27 うぶぎ
28 おとしい(れる)
29 にお(い)
30 あいぞ(め)

(二) 部首

1 骨(ほねへん)
2 頁(おおがい)
3 手(て)
4 大(だい)
5 斤(おのづくり)
6 一(いち)
7 日(ひ)
8 目(め)
9 辛(からい)
10 爫(つめかんむり・つめがしら)

9 破邪《はじゃ》(顕正《けんしょう(せい)》)
10 普遍《ふへん》(妥当《だとう》)

問2

11 カ
12 イ
13 キ
14 ア
15 ウ

(五) 対義語・類義語

1 栄転《えいてん》
2 挫折《ざせつ》
3 覚醒《かくせい》
4 湧出《ゆうしゅつ》
5 粗雑《そざつ》

6 断崖《だんがい》
7 工面《くめん》
8 僧侶《そうりょ》
9 両雄《りょうゆう》
10 籠絡《ろうらく》

(九) 書き取り

1 椅子
2 整頓
3 変貌
4 瞳孔
5 嫉妬
6 雑巾
7 腫瘍
8 腎臓
9 狙撃
10 鍵盤
11 焼酎
12 破綻
13 網棚

14 渋柿
15 瓦
16 大股
17 裾
18 懲(らしめる)
19 覆(る)
20 擦(れ)
21 萎(える)
22 諦(め)
23 尻
24 袖
25 鶴

---

5 会者定離=めぐりあう者はいつか別れる運命にあるということ。

8 和衷協同=心を一つにして物事にあたること。

9 破邪顕正=不正を打ち破り、正義をあきらかにすること。

10 普遍妥当=どのような場合でも適切であるとされること。

(五) 対義語・類義語

4 湧出=地中から湧き出ること。

10 籠絡=うまく手なずけて自分の思いどおりに操ること。

(九) 書き取り

21 萎える=体力が衰えて弱る。

24 袖にする=冷たく扱ってかえりみない。

（　）内は解答の補足です。

解答

(一) 読み

1 つうぎょう
2 ほてん
3 ひけん
4 かいよう
5 いっしゅう
6 けんそん
7 はんてん
8 こうはん
9 さいえん
10 しゅんけつ
11 かんめん
12 あんねい
13 ようえん
14 じょうるり
15 ぜんじ
16 さんろく
17 ひゆ
18 せんりつ
19 いんうつ

(三) 熟語の構成

1	2	3	4	5
ア	イ	ウ	オ	ウ

6	7	8	9	10
エ	イ	エ	ア	エ

(四) 四字熟語

問1

1 （小心《しょうしん》）翼翼《よくよく》
2 （円転《えんてん》）滑脱《かつだつ》
3 （綱紀《こうき》）粛正《しゅくせい》
4 （放歌《ほうか》）高吟《こうぎん》
5 （白砂《はくしゃ(さ)》）青松《せいしょう》
6 泰然《たいぜん》（自若《じじゃく》）
7 堅忍《けんにん》（不抜《ふばつ》）
8 教唆《きょうさ》（扇動《せんどう》）

(六) 同音・同訓異字

1 騰貴《とうき》
2 投棄《とうき》
3 浮揚《ふよう》
4 扶養《ふよう》
5 惨禍《さんか》
6 傘下《さんか》
7 融資《ゆうし》
8 有刺《ゆうし》
9 渇《かわ》（く）
10 乾《かわ》（く）

(七) 誤字訂正

誤　正

1 効（献）・貢（献）
2 貫（没）・陥（没）
3 堅（著）・顕（著）
4 （土）浄・（土）壌
5 危（餓）・飢（餓）

(八) 漢字と送りがな

1 懐かしい
2 賄う
3 恭しい
4 廃れる
5 遮る

解説

(一) 読み

1 通暁＝とても詳しく知り尽くしていること。
2 補塡＝不足の部分を補って埋めること。
3 比肩＝肩を並べること。匹敵すること。
9 才媛＝高い才能や教養のある女性。
10 俊傑＝才知などが非常にすぐれた人。
15 漸次＝だんだん。しだいに。

(三) 熟語の構成

1 畏怖《いふ》＝どちらも「おそれる」の意。
2 抑揚《よくよう》＝「下げる」↕「上げる」と解釈。
4 不屈《ふくつ》＝「屈しない」と解釈。
5 謹呈《きんてい》＝「謹んで↓差し上げる」と解釈。
6 享楽《きょうらく》＝「味わう↑快楽を」と解釈。
7 旦夕《たんせき》＝「朝」↕「晩」と解釈。
9 弾劾《だんがい》＝どちらも「罪を問う」の意。
10 籠城《ろうじょう》＝「籠もる↑城に」と解釈。

20 きそう
21 かまくび
22 けた
23 こ（う）
24 さく
25 なぞ
26 はし
27 かたひじ
28 くさもち
29 どんぶりばち
30 あざけ（る）

(二) **部首**

1 頁（おおがい）
2 丨（ぼう・たてぼう）
3 貝（かい・こがい）
4 弓（ゆみ）
5 十（じゅう）
6 口（くち）
7 二（に）
8 殳（るまた・ほこづくり）
9 酉（とりへん）
10 廾（こまぬき・にじゅうあし）

---

9 枝葉《しよう》（末節《まっせつ》）
10 内憂《ないゆう》（外患《がいかん》）

問2

11 ク
12 キ
13 カ
14 イ
15 ア

(五) **対義語・類義語**

1 刹那《せつな》
2 偉大《いだい》
3 尊敬《そんけい》
4 固辞《こじ》
5 巧妙《こうみょう》

6 面倒《めんどう》
7 怨念《おんねん》
8 学識《がくしき》
9 互角《ごかく》
10 混乱《こんらん》

(九) **書き取り**

1 薫陶
2 脱臼
3 消耗
4 弁償
5 頑固
6 旺盛
7 風呂
8 釣果
9 哺乳類
10 拉致
11 捻挫
12 楽譜
13 蜂蜜

14 土鍋
15 虹
16 嵐
17 腕利（き）
18 焦（る）
19 挟（まれる）
20 諭（す）
21 戯（れる）
22 拭（う）
23 塞翁
24 膝
25 闇

(四) **四字熟語**

3 綱紀粛正＝乱れた規律や秩序を正すこと。

4 放歌高吟＝あたりかまわず声を張り上げてうたうこと。

5 白砂青松＝海岸の美しい景色のこと。

9 枝葉末節＝本質から外れた部分。

10 内憂外患＝国の内外に心配事があること。

(六) **同音・同訓異字**

1 騰貴＝物価や相場が高くなること。

(九) **書き取り**

1 薫陶＝すぐれた人格でよい影響を与え、立派な人間に育てること。

8 釣果＝釣った魚の量。

10 拉致＝無理やりに連れ去ること。

23 人間万事塞翁が馬＝人生の幸・不幸は予測しがたいことのたとえ。

24 膝を打つ＝はっと思い当たる。感心する。

付録

1 共通テスト対策問題①

書き取り

解答欄 別冊46ページ

◆次の文中のカタカナを漢字で記し、1～8の傍線部に相当する漢字を含むものを、各群の①～⑤から選びなさい。
（すべてセンター試験・改）

□ 1 早起きの**シュウカン**を身につける
いつも決まってすること

□ ① 勝利に**カンキ**する
心の底からよろこぶこと

□ ② 国境線を**カンシ**する
警戒して見張ること

□ ③ けが人を**カンゴ**する
病人やけが人の手当てや世話をすること

□ ④ 血液の**ジュンカン**
めぐりまわること

□ ⑤ 今までの**カンレイ**に従う
しきたりやならわし

□ 2 所得が**バイゾウ**する
二ばいにふえること

□ ① 細菌**バイヨウ**の実験
やしない育ててふやすこと

□ ② 印刷**バイタイ**
伝達のなかだちとなるもの

□ ③ 裁判における**バイシン**制
＊一般市民から選ばれた人々が裁判に参加する制度

□ ④ 事故の**バイショウ**問題
損をさせた相手に対して、つぐないをすること

□ ⑤ 旧に**バイ**したご愛顧
大いにふえる

□ 3 広場に**キネンヒ**を建てる
ある出来事や人の業績を後世に伝えるために文字などを刻み建てた石

□ 5 期待と不安が**コウサク**する
複数のものが入りまじること

□ ① **サクジツ**の失敗を反省する
きのう

□ ② **サクイ**的に文章を改変する
わざとするつくりごと

□ ③ 冒頭の一文を**サクジョ**する
取り去ること

□ ④ 事典の**サクイン**を活用する
インデックス

□ ⑤ 試行**サクゴ**を経て成功する
＊課題に何度も取り組み失敗を重ねて解決に近づくこと

□ 6 細胞が**ゾウショク**する
ふえて多くなること

□ ① **ゴショク**を訂正する
印刷物の字や記号のあやまり

□ ② 魚を**ヨウショク**する
水産物を人工的に育ててふやすこと

□ ③ **キショクマンメン**の笑み
よろこびを顔いっぱいに表すこと

□ ④ **イショク**足りて礼節を知る
＊生活が安定して初めて礼儀を行うことができる

□ ⑤ **ソウショク**過多な建築
かざり付けること

□ 7 心身を**キタ**える
修れんによって体や精神を強くする

4 不満が**フンシュツ**する
勢いよくふきだすこと

① **ヒガイ**を食い止める
そんがいを受けること

② **ヒキン**な例を取り上げる
みぢかで、ありふれていること

③ 委員長を**ヒメン**する
職をやめさせること

④ **ヒブン**を刻む
のちに残すために建てた石に彫りつづった言葉

⑤ 国家が**ヒヘイ**する
つかれ弱ること

① **ギフン**にかられる
不公正に対して感じるいきどおり

② 国境で**フンソウ**が起きる
あらそうこと

③ 消毒液を**フンム**する
液体をきり状にしてふき出させること

④ **コウフン**して眠れない
感情が高ぶること

⑤ **フンショク**決算を指摘する
立派に見せようとして、うわべだけをとりつくろうこと

8 家を壊して**サラチ**にする
建物などがない状態の宅地

① **ダイタン**にふるまう
物事を恐れないこと

② 水源を**タンサク**する
さがしたずねること

③ **タンショ**を開く
物事の糸口

④ **タンレン**を積む
厳しい修行を積んで、心身・技能をきたえること

⑤ **タンネン**に調べる
細心の注意を払い、丁寧に行うさま

① **セイコウウドク**の生活
自由な境遇を楽しみながら生活すること

② 大臣を**コウテツ**する
ある地位・役目の人を入れかえること

③ **コウキュウテキ**な対策
いつまでも続いて変わらないさま

④ 技術者を**コウグウ**する
手あつくもてなすこと

⑤ **キョウコウ**に主張する
つよく主張するさま

解答

1 習慣
① 歓喜
② 監視
③ 看護
④ 循環
○ ⑤ 慣例

2 倍増
① 培養
② 媒体
③ 陪審
④ 賠償
○ ⑤ 倍(した)

3 記念碑
① 被害
② 卑近
③ 罷免
○ ④ 碑文
⑤ 疲弊

4 噴出
① 義憤
② 紛争
○ ③ 噴霧
④ 興奮
⑤ 粉飾

5 交錯
① 昨日
② 作為
③ 削除
④ 索引
○ ⑤ 錯誤

6 増殖
① 誤植
○ ② 養殖
③ 喜色満面
④ 衣食
⑤ 装飾

7 鍛(える)
① 大胆
② 探索
③ 端緒
○ ④ 鍛錬〈練〉
⑤ 丹念

8 更地
① 晴耕雨読
○ ② 更迭
③ 恒久的
④ 厚遇
⑤ 強硬

付録 2

共通テスト対策問題②

書き取り

解答欄 別冊47ページ

◆次の文中のカタカナを漢字で記し、1〜8の傍線部に相当する漢字を含むものを、各群の①〜⑤から選びなさい。（すべてセンター試験・改）

1 **クウソ**な人生を送る
形ばかりでしっかりした内容のないこと

① **ソエン**な間柄になる
親しみがうすくなるさま

② **ソゼイ**制度を見直す
国や自治体がその経費にあてるため、住民から徴収するお金

③ 緊急の**ソチ**をとる
始末がつくよう取り計らうこと

④ 敵の侵入を**ソシ**する
妨げて食いとめること

⑤ 美術館で**ソゾウ**を見る
粘土や石こうで人物や動物の形につくったもの

2 奇妙な**フウボウ**の男
身なりや顔かたちの様子

① **ムボウ**な計画を立てる
結果をよく考えないで強引に行動すること

② 将棋の王座を**ボウエイ**する
ふせぎ守ること

③ 都市の景観が**ヘンボウ**する
様子や姿がすっかりかわること

④ 裁判を**ボウチョウ**する
会議・裁判などを、当事者以外の者がそばで静かに聞くこと

⑤ 資源が**ケツボウ**する
必要なものが足りないこと

3 事態が**シュウソク**に向かう
おさまりがつくこと

5 自然の**セツリ**
自然界の正しい筋道

① 電線を**セツダン**する
きり離すこと

② 予算の**セッショウ**をする
物事を解決するために互いに話し合うこと

③ **セットウ**の罪に問われる
他人の金品などをぬすむこと

④ **セツジョク**をはたす
前に負けてうけた恥をすすぐこと

⑤ 栄養を**セッシュ**する
とり入れること

6 **ジンソク**に対応する
素早いこと

① 仏道に**ショウジン**する
一心に努力すること

② **ジンゴ**に落ちない
＊他の者にひけをとらない

③ **フンジン**の活躍
激しくふるい立つこと

④ **ジンダイ**な影響
程度が非常におおきい様子

⑤ **ジンヨウ**を整える
組織の構成や顔ぶれ

7 暗闇に**ヒソ**む
かくれる

4 新しい職場のドウリョウ
おなじ職場で働いている人

① 度重なるハンソクによる退場
ルールに背くこと
② 健康をソクシンする環境整備
物事が円滑にすすむようにしむけること
③ ヘイソクした空気の打破
とじてふさがること
④ 両者イッショクソクハツの状態
ささいなきっかけでたいへんな事態が起こりそうなこと
⑤ ソクバクから逃れる手段
行動に制限を加えて自由を奪うこと

① 若手のカンリョウ
上級の役人
② チリョウに専念する
病気やけがなどを手当てすること
③ 荷物をジュリョウする
金品などをうけとること
④ なだらかなキュウリョウ
起伏のゆるやかな低い山の続く地形
⑤ セイリョウな空気
さわやかですずしいこと

8 クち果てた大木
腐って役に立たなくなる

① 文壇にセンプウを巻き起こす
社会に突然おおきな反響を与えるできごと
② 大気オセンの問題に取り組む
よごれること
③ セッセンの末に引き分ける
力が同じくらいで勝ち負けがなかなか決まらないたたかい
④ センザイ的な能力を引き出す
表面には出ないで内部にひそんでいること
⑤ センイ質の豊富な野菜を食べる
動植物の体を作っている細い糸のようなすじ

① 真相をキュウメイする
本質をきわめ、あきらかにすること
② 試験にキュウダイする
試験などに合格すること
③ カイキュウ差別をなくす
地位などの高さや順位
④ 問題がフンキュウする
もめること
⑤ フキュウの名作
長い間滅びないこと

解答

1 空疎
○ ① 疎遠
② 租税
③ 措置
④ 阻止
⑤ 塑像

2 風貌
① 無謀
② 防衛
○ ③ 変貌
④ 傍聴
⑤ 欠乏

3 収束
① 反則
② 促進
③ 閉塞
④ 一触即発
○ ⑤ 束縛

4 同僚
○ ① 官僚
② 治療
③ 受領
④ 丘陵
⑤ 清涼

5 摂理
① 切断
② 折衝
③ 窃盗
④ 雪辱
○ ⑤ 摂取

6 迅速
① 精進
② 人後
○ ③ 奮迅
④ 甚大
⑤ 陣容

7 潜(む)
① 旋風
② 汚染
③ 接戦
○ ④ 潜在
⑤ 繊維

8 朽(ち)
① 究明
② 及第
③ 階級
④ 紛糾
○ ⑤ 不朽

編集協力　國本美智子
加藤陽子／鈴木充美／広瀬菜桜子／㈱ことば舎
装丁デザイン　(株)ライトパブリシティ
本文デザイン　アルデザイン（佐藤誠）／イイタカデザイン（飯高勉）

基礎からの
ジャンプアップノート

漢字2500
書き取り・読み方ドリル

三訂版

別冊
解答書き込み用ノート

旺文社

基礎 **1**

読み方①

問題▶本冊６ページ

点数 /75

15	14	13	12	11	10	9	8	7	6	5	4	3	2	1
30	29	28	27	26	25	24	23	22	21	20	19	18	17	16
45	44	43	42	41	40	39	38	37	36	35	34	33	32	31
60	59	58	57	56	55	54	53	52	51	50	49	48	47	46
75	74	73	72	71	70	69	68	67	66	65	64	63	62	61

基礎 2

読み方②

問題 ▸ 本冊８ページ

点数 ／75

15	14	13	12	11	10	9	8	7	6	5	4	3	2	1
30	29	28	27	26	25	24	23	22	21	20	19	18	17	16
45	44	43	42	41	40	39	38	37	36	35	34	33	32	31
60	59	58	57	56	55	54	53	52	51	50	49	48	47	46
75	74	73	72	71	70	69	68	67	66	65	64	63	62	61

基礎 3

書き取り①

問題 ▸ 本冊 10 ページ

点数 ／50

10	9	8	7	6	5	4	3	2	1
20	19	18	17	16	15	14	13	12	11
30	29	28	27	26	25	24	23	22	21
40	39	38	37	36	35	34	33	32	31
50	49	48	47	46	45	44	43	42	41

基礎 4

書き取り②

問題 ▸ 本冊 12 ページ

点数 /50

10	9	8	7	6	5	4	3	2	1
20	19	18	17	16	15	14	13	12	11
30	29	28	27	26	25	24	23	22	21
40	39	38	37	36	35	34	33	32	31
50	49	48	47	46	45	44	43	42	41

基礎 5

書き取り③

問題 ▸ 本冊 14 ページ

点数 /50

10	9	8	7	6	5	4	3	2	1
20	19	18	17	16	15	14	13	12	11
30	29	28	27	26	25	24	23	22	21
40	39	38	37	36	35	34	33	32	31
50	49	48	47	46	45	44	43	42	41

基礎 6

都道府県名

問題 ▸ 本冊 16 ページ

点数 ／47

⑩	⑨	⑧	⑦	⑥	⑤	④	③	②	①
⑳	⑲	⑱	⑰	⑯	⑮	⑭	⑬	⑫	⑪
㉚	㉙	㉘	㉗	㉖	㉕	㉔	㉓	㉒	㉑
㊵	㊴	㊳	㊲	㊱	㉟	㉞	㉝	㉜	㉛
			㊼	㊻	㊺	㊹	㊸	㊷	㊶

基礎 7

複数の読み方

問題 ▸ 本冊 18 ページ

点数 / 75

15	14	13	12	11	10	9	8	7	6	5	4	3	2	1
30	29	28	27	26	25	24	23	22	21	20	19	18	17	16
45	44	43	42	41	40	39	38	37	36	35	34	33	32	31
60	59	58	57	56	55	54	53	52	51	50	49	48	47	46
75	74	73	72	71	70	69	68	67	66	65	64	63	62	61

基礎 **8**

同音異義語①

問題▶本冊20ページ

点数 ／50

10	9	8	7	6	5	4	3	2	1
20	19	18	17	16	15	14	13	12	11
30	29	28	27	26	25	24	23	22	21
40	39	38	37	36	35	34	33	32	31
50	49	48	47	46	45	44	43	42	41

基礎 **9**

同音異義語②

問題 ▸ 本冊 22 ページ

点数 /50

10	9	8	7	6	5	4	3	2	1
20	19	18	17	16	15	14	13	12	11
30	29	28	27	26	25	24	23	22	21
40	39	38	37	36	35	34	33	32	31
50	49	48	47	46	45	44	43	42	41

基礎 10

同音異義語③

問題 ▸ 本冊 24 ページ

点数 /50

10	9	8	7	6	5	4	3	2	1
20	19	18	17	16	15	14	13	12	11
30	29	28	27	26	25	24	23	22	21
40	39	38	37	36	35	34	33	32	31
50	49	48	47	46	45	44	43	42	41

基礎 **11**

読み分け

問題 ▸ 本冊 26 ページ

点数 ／75

15	14	13	12	11	10	9	8	7	6	5	4	3	2	1
30	29	28	27	26	25	24	23	22	21	20	19	18	17	16
45	44	43	42	41	40	39	38	37	36	35	34	33	32	31
60	59	58	57	56	55	54	53	52	51	50	49	48	47	46
75	74	73	72	71	70	69	68	67	66	65	64	63	62	61

基礎 12 同訓異字語

問題 ▸ 本冊 28 ページ

点数 /50

10	9	8	7	6	5	4	3	2	1
20	19	18	17	16	15	14	13	12	11
30	29	28	27	26	25	24	23	22	21
40	39	38	37	36	35	34	33	32	31
50	49	48	47	46	45	44	43	42	41

基礎 13

反対語①

問題 ▸ 本冊 30 ページ

点数 /50

10	9	8	7	6	5	4	3	2	1
20	19	18	17	16	15	14	13	12	11
30	29	28	27	26	25	24	23	22	21
40	39	38	37	36	35	34	33	32	31
50	49	48	47	46	45	44	43	42	41

基礎 **14**

反対語②

問題 ▸ 本冊 32 ページ

点数 /50

10	9	8	7	6	5	4	3	2	1
20	19	18	17	16	15	14	13	12	11
30	29	28	27	26	25	24	23	22	21
40	39	38	37	36	35	34	33	32	31
50	49	48	47	46	45	44	43	42	41

基礎 15

反対語③

問題 ▸ 本冊 34 ページ

点数 / 50

10	9	8	7	6	5	4	3	2	1
20	19	18	17	16	15	14	13	12	11
30	29	28	27	26	25	24	23	22	21
40	39	38	37	36	35	34	33	32	31
50	49	48	47	46	45	44	43	42	41

基礎 16

類義語①

問題 ▸ 本冊 36 ページ

点数　/50

10	9	8	7	6	5	4	3	2	1
20	19	18	17	16	15	14	13	12	11
30	29	28	27	26	25	24	23	22	21
40	39	38	37	36	35	34	33	32	31
50	49	48	47	46	45	44	43	42	41

基礎 17

類義語②

問題 ▶ 本冊 38 ページ

点数 /50

10	9	8	7	6	5	4	3	2	1
20	19	18	17	16	15	14	13	12	11
30	29	28	27	26	25	24	23	22	21
40	39	38	37	36	35	34	33	32	31
50	49	48	47	46	45	44	43	42	41

基礎 **18**

類似の字形①

問題 ▸ 本冊 40 ページ

点数 ／50

10	9	8	7	6	5	4	3	2	1
20	19	18	17	16	15	14	13	12	11
30	29	28	27	26	25	24	23	22	21
40	39	38	37	36	35	34	33	32	31
50	49	48	47	46	45	44	43	42	41

基礎 19

類似の字形②

問題 ▸ 本冊 42 ページ

点数 ／50

10	9	8	7	6	5	4	3	2	1
20	19	18	17	16	15	14	13	12	11
30	29	28	27	26	25	24	23	22	21
40	39	38	37	36	35	34	33	32	31
50	49	48	47	46	45	44	43	42	41

標準 **20**

読み方①

問題 ▸ 本冊 44 ページ

点数 ／75

15	14	13	12	11	10	9	8	7	6	5	4	3	2	1
30	29	28	27	26	25	24	23	22	21	20	19	18	17	16
45	44	43	42	41	40	39	38	37	36	35	34	33	32	31
60	59	58	57	56	55	54	53	52	51	50	49	48	47	46
75	74	73	72	71	70	69	68	67	66	65	64	63	62	61

標準 21

読み方②

問題 ▸ 本冊 46 ページ

点数 /75

15	14	13	12	11	10	9	8	7	6	5	4	3	2	1
30	29	28	27	26	25	24	23	22	21	20	19	18	17	16
45	44	43	42	41	40	39	38	37	36	35	34	33	32	31
60	59	58	57	56	55	54	53	52	51	50	49	48	47	46
75	74	73	72	71	70	69	68	67	66	65	64	63	62	61

標準 22

書き取り①

問題 ▸ 本冊 48 ページ

点数 / 50

10	9	8	7	6	5	4	3	2	1
20	19	18	17	16	15	14	13	12	11
30	29	28	27	26	25	24	23	22	21
40	39	38	37	36	35	34	33	32	31
50	49	48	47	46	45	44	43	42	41

標準 **23**

書き取り②

問題 ▸ 本冊 50 ページ

点数 /50

10	9	8	7	6	5	4	3	2	1
20	19	18	17	16	15	14	13	12	11
30	29	28	27	26	25	24	23	22	21
40	39	38	37	36	35	34	33	32	31
50	49	48	47	46	45	44	43	42	41

標準 24

書き取り③

問題 ▶ 本冊 52 ページ

点数 ／50

10	9	8	7	6	5	4	3	2	1
20	19	18	17	16	15	14	13	12	11
30	29	28	27	26	25	24	23	22	21
40	39	38	37	36	35	34	33	32	31
50	49	48	47	46	45	44	43	42	41

標準 25 書き取り④

問題 ▸ 本冊 54 ページ

点数 ／50

10	9	8	7	6	5	4	3	2	1
20	19	18	17	16	15	14	13	12	11
30	29	28	27	26	25	24	23	22	21
40	39	38	37	36	35	34	33	32	31
50	49	48	47	46	45	44	43	42	41

標準 26

四字熟語①

問題 ▸ 本冊 56 ページ

点数 / 50

10	9	8	7	6	5	4	3	2	1
・	・	・	・	・	・	・	・	・	・
20	19	18	17	16	15	14	13	12	11
・	・	・	・	・	・	・	・	・	・
30	29	28	27	26	25	24	23	22	21
・	・	・	・	・	・	・	・	・	・
40	39	38	37	36	35	34	33	32	31
・	・	・	・	・	・	・	・	・	・
50	49	48	47	46	45	44	43	42	41
・	・	・	・	・	・	・	・	・	・

標準 27

四字熟語②

問題▸本冊58ページ

点数 /50

10 ・	9 ・	8 ・	7 ・	6 ・	5 ・	4 ・	3 ・	2 ・	1 ・
20 ・	19 ・	18 ・	17 ・	16 ・	15 ・	14 ・	13 ・	12 ・	11 ・
30 ・	29 ・	28 ・	27 ・	26 ・	25 ・	24 ・	23 ・	22 ・	21 ・
40 ・	39 ・	38 ・	37 ・	36 ・	35 ・	34 ・	33 ・	32 ・	31 ・
50 ・	49 ・	48 ・	47 ・	46 ・	45 ・	44 ・	43 ・	42 ・	41 ・

標準 **28**

四字熟語③

問題 ▸ 本冊 60 ページ

点数 /50

10 ・	9 ・	8 ・	7 ・	6 ・	5 ・	4 ・	3 ・	2 ・	1 ・
20 ・	19 ・	18 ・	17 ・	16 ・	15 ・	14 ・	13 ・	12 ・	11 ・
30 ・	29 ・	28 ・	27 ・	26 ・	25 ・	24 ・	23 ・	22 ・	21 ・
40 ・	39 ・	38 ・	37 ・	36 ・	35 ・	34 ・	33 ・	32 ・	31 ・
50 ・	49 ・	48 ・	47 ・	46 ・	45 ・	44 ・	43 ・	42 ・	41 ・

標準 29

四字熟語④

問題 ▸ 本冊 62 ページ

点数 ／50

10 ・	9 ・	8 ・	7 ・	6 ・	5 ・	4 ・	3 ・	2 ・	1 ・
20 ・	19 ・	18 ・	17 ・	16 ・	15 ・	14 ・	13 ・	12 ・	11 ・
30 ・	29 ・	28 ・	27 ・	26 ・	25 ・	24 ・	23 ・	22 ・	21 ・
40 ・	39 ・	38 ・	37 ・	36 ・	35 ・	34 ・	33 ・	32 ・	31 ・
50 ・	49 ・	48 ・	47 ・	46 ・	45 ・	44 ・	43 ・	42 ・	41 ・

標準 30

慣用表現

問題 ▶ 本冊 64 ページ

点数 / 50

10	9	8	7	6	5	4	3	2	1
20	19	18	17	16	15	14	13	12	11
30	29	28	27	26	25	24	23	22	21
40	39	38	37	36	35	34	33	32	31
50	49	48	47	46	45	44	43	42	41

標準 31

誤字訂正①

問題 ▸ 本冊 66 ページ

点数 ／50

10 ↓	9 ↓	8 ↓	7 ↓	6 ↓	5 ↓	4 ↓	3 ↓	2 ↓	1 ↓
20 ↓	19 ↓	18 ↓	17 ↓	16 ↓	15 ↓	14 ↓	13 ↓	12 ↓	11 ↓
30 ↓	29 ↓	28 ↓	27 ↓	26 ↓	25 ↓	24 ↓	23 ↓	22 ↓	21 ↓
40 ↓	39 ↓	38 ↓	37 ↓	36 ↓	35 ↓	34 ↓	33 ↓	32 ↓	31 ↓
50 ↓	49 ↓	48 ↓	47 ↓	46 ↓	45 ↓	44 ↓	43 ↓	42 ↓	41 ↓

標準 32

誤字訂正②

問題 ▸ 本冊 68 ページ

点数 /50

10	9	8	7	6	5	4	3	2	1
↓	↓	↓	↓	↓	↓	↓	↓	↓	↓
20	19	18	17	16	15	14	13	12	11
↓	↓	↓	↓	↓	↓	↓	↓	↓	↓
30	29	28	27	26	25	24	23	22	21
↓	↓	↓	↓	↓	↓	↓	↓	↓	↓
40	39	38	37	36	35	34	33	32	31
↓	↓	↓	↓	↓	↓	↓	↓	↓	↓
50	49	48	47	46	45	44	43	42	41
↓	↓	↓	↓	↓	↓	↓	↓	↓	↓

発展 33

読み方①

問題 ▸ 本冊 70 ページ

点数 /75

15	14	13	12	11	10	9	8	7	6	5	4	3	2	1
30	29	28	27	26	25	24	23	22	21	20	19	18	17	16
45	44	43	42	41	40	39	38	37	36	35	34	33	32	31
60	59	58	57	56	55	54	53	52	51	50	49	48	47	46
75	74	73	72	71	70	69	68	67	66	65	64	63	62	61

発展 34

読み方②

問題 ▸ 本冊 72 ページ

点数 　/75

15	14	13	12	11	10	9	8	7	6	5	4	3	2	1
30	29	28	27	26	25	24	23	22	21	20	19	18	17	16
45	44	43	42	41	40	39	38	37	36	35	34	33	32	31
60	59	58	57	56	55	54	53	52	51	50	49	48	47	46
75	74	73	72	71	70	69	68	67	66	65	64	63	62	61

発展 35

読み方③

問題 ▸ 本冊 74 ページ

点数 /75

15	14	13	12	11	10	9	8	7	6	5	4	3	2	1
30	29	28	27	26	25	24	23	22	21	20	19	18	17	16
45	44	43	42	41	40	39	38	37	36	35	34	33	32	31
60	59	58	57	56	55	54	53	52	51	50	49	48	47	46
75	74	73	72	71	70	69	68	67	66	65	64	63	62	61

発展 36 書き取り①

問題 ▸ 本冊 76 ページ

点数 / 50

10	9	8	7	6	5	4	3	2	1
20	19	18	17	16	15	14	13	12	11
30	29	28	27	26	25	24	23	22	21
40	39	38	37	36	35	34	33	32	31
50	49	48	47	46	45	44	43	42	41

発展 37

書き取り②

問題 ▸ 本冊 78 ページ

点数 /50

10	9	8	7	6	5	4	3	2	1
20	19	18	17	16	15	14	13	12	11
30	29	28	27	26	25	24	23	22	21
40	39	38	37	36	35	34	33	32	31
50	49	48	47	46	45	44	43	42	41

発展 38 書き取り③

問題 ▸ 本冊80ページ

点数 /50

10	9	8	7	6	5	4	3	2	1
20	19	18	17	16	15	14	13	12	11
30	29	28	27	26	25	24	23	22	21
40	39	38	37	36	35	34	33	32	31
50	49	48	47	46	45	44	43	42	41

発展 39

書き取り④

問題 ▸ 本冊 82 ページ

点数 /50

10	9	8	7	6	5	4	3	2	1
20	19	18	17	16	15	14	13	12	11
30	29	28	27	26	25	24	23	22	21
40	39	38	37	36	35	34	33	32	31
50	49	48	47	46	45	44	43	42	41

発展

40 古典に出る語句

問題 ▸ 本冊 84 ページ

点数 /50

⑩	⑨	⑧	⑦	⑥	⑤	④	③	②	①
⑳	⑲	⑱	⑰	⑯	⑮	⑭	⑬	⑫	⑪
㉚	㉙	㉘	㉗	㉖	㉕	㉔	㉓	㉒	㉑
㊵	㊴	㊳	㊲	㊱	㉟	㉞	㉝	㉜	㉛
㊿	㊾	㊽	㊼	㊻	㊺	㊹	㊸	㊷	㊶

発展 41

旧国名・地名

問題 ▸ 本冊 86 ページ

点数 ／87

①	②	③	④	⑤	⑥	⑦	⑧	⑨	⑩	⑪	⑫	⑬	⑭	⑮	⑯	⑰	⑱
⑲	⑳	㉑	㉒	㉓	㉔	㉕	㉖	㉗	㉘	㉙	㉚	㉛	㉜	㉝	㉞	㉟	㊱
㊲	㊳	㊴	㊵	㊶	㊷	㊸	㊹	㊺	㊻	㊼	㊽	㊾	㊿	(51)	(52)	(53)	(54)
(55)	(56)	(57)	(58)	(59)	(60)	(61)	(62)	(63)	(64)	(65)	(66)	(67)	(68)	(69)	(70)	(71)	(72)
(73)	(74)	(75)	(76)	(77)	(78)	(79)	(80)	(81)	(82)	(83)	(84)	(85)	(86)	(87)			

発展 42 漢字検定２級　模擬問題①

問題 ▸ 本冊 88 ページ

点数　／200

（一）読み

1 2 3 4 5 6 7 8 9 10 11 12 13 14 15 16 17 18 19 20 21 22 23 24 25 26 27 28 29 30

（二）部首

1 2 3 4 5 6 7 8 9 10

（三）熟語の構成

1 2 3 4 5 6 7 8 9 10

（四）四字熟語

1 2 3 4 5 6 7 8 9 10 11 12 13 14 15

(五) 対義語・類義語

1
2
3
4
5
6
7
8
9
10

(六) 同音・同訓異字

1
2
3
4
5
6
7
8
9
10

(七) 誤字訂正

1 ・
2 ・
3 ・
4 ・
5 ・

(八) 漢字と送りがな

1
2
3
4
5

(九) 書き取り

1
2
3
4
5
6
7
8
9
10
11
12
13
14
15
16
17
18
19
20
21
22
23
24
25

発展 43

漢字検定２級　模擬問題②

問題 ▸ 本冊 92 ページ

点数 /200

(一) 読み

1	2	3	4	5	6	7	8	9	10	11	12	13	14	15

16	17	18	19	20	21	22	23	24	25	26	27	28	29	30

(二) 部首

1	2	3	4	5	6	7	8	9	10

(三) 熟語の構成

1	2	3	4	5	6	7	8	9	10

(四) 四字熟語

1	2	3	4	5	6	7	8	9	10	11	12	13	14	15

(五) 対義語・類義語

1 2 3 4 5 6 7 8 9 10

(六) 同音・同訓異字

1 2 3 4 5 6 7 8 9 10

(七) 誤字訂正

1 ・ 2 ・ 3 ・ 4 ・ 5 ・

(八) 漢字と送りがな

1 2 3 4 5

(九) 書き取り

1 2 3 4 5 6 7 8 9 10 11 12 13 14 15 16 17 18 19 20 21 22 23 24 25

共通テスト対策問題①

問題 ▸ 本冊 100 ページ

	①	②	③	④	⑤
1					
2					
3					
4					
5					
6					
7					
8					

付録 2

共通テスト対策問題②

問題 ▸ 本冊 102 ページ

1
①
②
③
④
⑤

2
①
②
③
④
⑤

3
①
②
③
④
⑤

4
①
②
③
④
⑤

5
①
②
③
④
⑤

6
①
②
③
④
⑤

7
①
②
③
④
⑤

8
①
②
③
④
⑤